LES

ÉTATS-UNIS ET LE MEXIQUE

L'INTÉRÊT EUROPÉEN

DANS L'AMÉRIQUE DU NORD

PAR

M. H. DU PASQUIER DE DOMMARTIN

CONCESSIONNAIRE DE VASTES TERRAINS DANS LES PROVINCES MEXICAINES DE CHIHUAHUA ET DE SONORA
POUR L'ÉTABLISSEMENT DE COLONIES EUROPÉENNES

Prix : 10 francs

PARIS

LIBRAIRIE DE GUILLAUMIN

ÉDITEUR DU DICTIONNAIRE DU COMMERCE, DU JOURNAL D'ÉCONOMIE POLITIQUE
ET DE LA COLLECTION DES PRINCIPAUX ÉCONOMISTES
RUE RICHELIEU, 14, AU SECOND

1852

LES

ÉTATS-UNIS ET LE MEXIQUE

L'INTÉRÊT EUROPÉEN

DANS L'AMÉRIQUE DU NORD

DE L'IMPRIMERIE DE CRAPELET
RUE DE VAUGIARD, 9.

LES

ÉTATS-UNIS ET LE MEXIQUE

L'INTÉRÊT EUROPÉEN

DANS L'AMÉRIQUE DU NORD

PAR

M. H. DU PASQUIER DE DOMMARTIN

CONCESSIONNAIRE DE VASTES TERRAINS DANS LES PROVINCES MEXICAINES DE CHIHUAHUA ET DE SONORA POUR L'ÉTABLISSEMENT DE COLONIES EUROPÉENNES

Prix : 10 francs

PARIS

LIBRAIRIE DE GUILLAUMIN

ÉDITEUR DU DICTIONNAIRE DU COMMERCE, DU JOURNAL D'ÉCONOMIE POLITIQUE ET DE LA COLLECTION DES PRINCIPAUX ÉCONOMISTES

RUE RICHELIEU, 14, AU SECOND

1852

PRÉFACE.

L'auteur de cet écrit n'avait d'abord l'intention que de l'adresser à quelques personnes. S'il le publie aujourd'hui, c'est qu'il n'a pas trouvé l'accueil qu'il croyait pouvoir espérer, et qu'il ne veut point cependant perdre tout le fruit d'un long, pénible et coûteux voyage, entrepris dans des vues patriotiques, dans un but qu'il estime de la dernière importance pour l'Europe en général et pour la France en particulier. On jugera s'il se trompe.

Les États-Unis poursuivent depuis longtemps un double dessein : l'assujettissement à leurs lois du continent américain du nord de l'Atlantique au Pacifique, l'absorption tous les jours plus complète à notre détriment de l'industrie et du commerce européens. Il n'y a qu'à suivre leurs progrès divers pour s'en assurer. Le dernier traité conclu par eux avec le Mexique, en leur donnant la haute Californie, leur a livré les deux mers qu'ils convoitaient et le commerce dont ces deux mers sont la clef. Déjà aussi leur marine lutte-t-elle avec avantage contre la marine anglaise en Chine et jusque dans les Indes orientales. D'un autre côté les tables du commerce prouvent que de jour en jour la part proportionnelle de l'Europe sur le marché des États-Unis est moindre, qu'avec nos ouvriers et nos métiers, notre industrie émigre dans ce pays et s'y développe progressivement. Les choses en sont même à ce point qu'on commence à appeler nos artistes, et que les États-Unis songent à se suffire à eux-mêmes. Le message du président des États-Unis, M. Fillmore, contient la preuve que le système prohibitif est à la veille de passer des spéculations des économistes nationaux dans les prescriptions du législateur. De là de grands dangers pour l'Europe. L'agrandissement extraordinaire de puissance qu'acquièrent les États-Unis menace le vieil équilibre des États, et, pour peu qu'on laisse son libre développement à un pays qui double et au delà tous les dix ans, ce ne sera plus entre les États actuels que la compétition aura lieu, mais bien entre le vieux et le nouveau continent. Si les États-Unis arrivent à s'approprier notre industrie et nos marchés avec les immenses ressources que leur offre un pays jeune et pourvu en abondance de tous les dons de la nature, entre eux et nous pas de lutte possible...— Et un moment peut arriver où l'Europe, dépossédée à la fois de ses débouchés commerciaux et de sa supériorité industrielle, enfermée dans son propre sol, s'appauvrira les mains pleines de richesses faute de trouver où les répandre, périra s'anéantissant sur elle-même.

J'ai cru qu'il était possible de conjurer de semblables périls, et mon voyage en Amérique n'a pas eu d'autre but. Entre les possessions de l'Union américaine sur l'Atlantique et sur le Pacifique, il y a une barrière, barrière telle qu'elle contraint les Américains de doubler le cap Horn ou de franchir les neiges des montagnes rocheuses et les solitudes désolées du grand bassin pour rejoindre ensemble leurs ports des deux Océans. Cette barrière ne tombera que lorsque les citoyens de l'Union posséderont le nord du Mexique. Là est en effet le seul chemin praticable en toute saison, reliant les deux mers. On pense de quelle importance, à la fois politique, commerciale et industrielle, est le territoire où passe cette route. Ajoutez qu'il se trouve d'une fécondité merveilleuse, riche en mines de toutes sortes, situé sous le plus beau ciel et dans le climat le plus sain du monde, avec une ceinture de montagnes inaccessibles pour le protéger, et qui ne livrent au voyageur que trois ou quatre passages faciles à défendre du côté de l'Est, et, du côté de l'Ouest, un seul, *la Cagnada de Guadalupe*.

Malheureusement ce beau territoire qui forme la ligne nord des provinces limitrophes de Chihuahua et de Sonora, ce beau territoire a été dépeuplé par les incursions des Indiens chassés devant lui par l'Américain du Nord. Pour lui rendre sa prospérité et l'augmenter encore, il faudrait que de vigoureux colons européens catholiques vinssent l'occuper, une

main à la charrue et dans l'autre un mousquet. D'ailleurs ils trouveraient là réunies la facile subsistance des terres vierges et la fortune métallique de la Californie, avec les avantages particuliers résultant d'une situation qui relie les deux mers et en commande la route nécessaire.

Toutes ces considérations m'ont porté, pour l'offrir à mes concitoyens d'Europe et de France, à demander la concession de ces vastes terres inoccupées. Je l'ai obtenue des gouvernements locaux de Chihuahua et de Sonora, et suis en instance auprès du gouvernement central de Mexico. J'espère qu'en une entreprise qui contient la promesse certaine d'immenses bénéfices à réaliser, en même temps qu'elle offre le caractère d'une opération toute patriotique, les coopérateurs ne me feront pas défaut, surtout parmi les plus menacés de tous les Européens, les capitalistes dont les fonds sont engagés dans l'industrie et le commerce. Les gouvernements qui prévoient et qui savent, ne me feront pas non plus obstacle. Ils doivent avoir plus que jamais l'œil ouvert sur le grand mouvement qui se fait de l'autre côté du globe et qui menace tout à la fois l'équilibre des vieux États, la prospérité de l'ancien monde et sa politique traditionnelle. C'est dans cette espérance que j'ai tout fait, et que ce mémoire a été écrit et publié. On y verra la preuve de toutes mes assertions, et beaucoup de faits que la courte étendue de cette préface ne me permet pas même d'indiquer.

Paris, ce 12 février 1852.

H. du Pasquier de Dommartin.

LES

ÉTATS-UNIS ET LE MEXIQUE,

L'INTÉRÊT EUROPÉEN

DANS L'AMÉRIQUE DU NORD.

L'observateur, qui suit sur la carte du globe le mouvement des peuples, est frappé de trois grands faits : l'état de stagnation de la race latine, qui avance lentement en Afrique sous le drapeau français et recule sur tous les autres points; le progrès maritime de la race anglo-saxonne, qui envahit l'Orient par les Indes et l'Amérique, et prend position à Gibraltar et dans la Méditerranée pour de là surveiller l'Occident; la marche militaire enfin de la race slave, qui se porte au Midi sur la Perse, le Caucase et le Bosphore à la fois, l'œil ouvert du côté de l'Europe et la main dans ses grandes affaires.

Cette situation respective des diverses races me préoccupait depuis longtemps en ma double qualité de Français et de catholique; je sentais mon pays menacé pour l'avenir dans sa langue, dans sa tradition, dans ses intérêts, dans tout ce qui fait la vie des peuples. C'est sous l'impression de ce sentiment que j'entrepris un double voyage dans l'Amérique du Nord; le premier dirigé à l'Est et au Sud de ce continent, sur les côtes de l'Atlantique et dans le golfe du Mexique; le second dans l'Ouest, au nord du territoire mexicain. Quelque chose me disait que l'avenir de l'ancien monde devait être cherché aux rivages du nouveau, que là, dans un temps rapproché, s'agiteraient nos destins.

J'ai vu, et mes prévisions ont été confirmées au delà de tout ce que je puis exprimer. Les États-Unis offrent le caractère des pays en voie de formation et dont on peut augurer la fortune, mais non mesurer l'accroissement futur; ils absorbent pour transformer, envahissent et retiennent, s'avancent de tous les côtés à la fois, s'assimilant les territoires, les hommes, les découvertes et les procédés utiles soumis bientôt à leur étiquette et à leur esprit. Ils attirent l'Europe par l'Atlantique, et s'en emparent dès qu'elle a posé le pied sur leurs bords; ils communiquent avec la Chine et l'Orient par le Pacifique; ils marquent déjà au travers du désert, dans l'ignorance de l'Europe ou dans son silence, la route qui doit leur donner, avec leur continent tout entier, la domination des deux Océans. Un seul obstacle s'élève encore entre les États-Unis et leur vaste ambition; cet obstacle, qui sera bientôt franchi si l'on n'y songe sérieusement, s'offre dans le Mexique. Ici est la triple muraille contre laquelle se brisent aujourd'hui tous les projets. La population mexicaine, formée par l'élément espagnol, représente en Amérique la race catholique et latine, ses possessions du Nord font barrière à la réunion de la haute Californie et du Nouveau-Mexique maintenant américains, elles coupent en outre l'Atlantique du Pacifique. J'ajouterai que le Mexique, qui, sentant sa faiblesse profonde devant son puissant voisin de l'Amérique du Nord, nous invite à son secours, nous hommes du même sang, des mêmes mœurs, de la même religion, convient admirablement à un établissement européen. La salubrité de son climat, la richesse agricole et industrielle de son sol promettent des ressources assurées à l'émigrant; sa situation géographique, qui, au Sud, par l'isthme de Tehuantepec et le golfe de Mexico, le met en rapport avec les deux mers, et qui en fait, au Nord, par la Sonora et le Chihuahua, la clef qui ouvre ou ferme le continent américain, assurerait au commerce des débouchés certains, à la politique le point d'action le plus fort et le mieux choisi. Je crois en conséquence qu'il est de l'intérêt de l'Europe et de la France en particulier, et d'un intérêt *pressant*, de se hâter d'aider le Mexique en le peuplant, si l'on ne veut voir tomber ce dernier boulevard de l'indépendance espagnole, ce refuge suprême des races latines expatriées enfin, et tout à fait et pour toujours, du nouveau monde continental. Guidé par cette pensée, mû par le sentiment patriotique, je demandai, en décembre 1849 et avril 1850, aux États de Chihuahua et de Sonora, une vaste concession de terrains déserts comprenant toute la ligne nord de ces deux provinces dans l'intention de les coloniser et d'en faire comme un mur de défense contre l'invasion américaine, qui déjà se présente au Passo del Norte pour en forcer les défilés. Ma demande, agréée par le congrès de ces pays, fut accueillie par des délais à Mexico où elle attend dans les cartons du gouvernement. Des intrigues s'étaient nouées dans l'ombre, et l'esprit américain veillait, se cachant derrière ses instruments mais se montrant dans ses effets. Ainsi a paru s'évanouir le résultat de mes études, de mes observations, de mes peines, de grands sacrifices de toute nature, de deux voyages entrepris coup sur coup [1]. Mais si le fruit devait en être perdu pour moi, je ne veux pas qu'il le soit pour mon pays.

[1] J'ai dépensé près de *deux cent mille francs;* il serait trop long

C'est pourquoi je me permets d'appeler l'attention sérieuse de mes concitoyens sur deux points que je juge du plus haut intérêt pour la France : 1° la politique des États-Unis et ses desseins, sa marche et son but ; 2° la nécessité pour l'Europe et pour la France en particulier, de prendre position en Amérique, et de la prendre au Mexique qui la lui offre admirable sous tous les rapports.

Je terminerai mon mémoire par l'historique de la concession obtenue par moi, sauf la ratification du congrès et du gouvernement de Mexico que je suis en voie de solliciter. Dans un appendice seront comprises, avec une carte circonstanciée des lieux objet de la concession, les preuves du travail.

d'énumérer les périls, les misères, et les fatigues sans nombre d'une expédition de plus de 6 mois dans le désert, toujours sous la menace du guet-apens ou de la flèche des Indiens.

POLITIQUE DES ÉTATS-UNIS.

Un double dessein, ainsi qu'il a été exprimé plus haut, nous paraît diriger la politique des États-Unis : s'approprier l'Amérique du Nord, toute autre puissance écartée ou brisée ; attirer à soi les forces européennes pour les absorber d'abord, et, quand le jour sera venu, les tourner contre la mère patrie.

Trois puissances se partageaient autrefois l'Amérique du Nord, la France, l'Angleterre et l'Espagne. La France n'a rien gardé de ses colonies, et son esprit même a péri sur ces bords ; l'Espagne, moins malheureuse, a retenu quelques points maritimes importants, elle vit encore d'une vie affaiblie dans les États mexicains. Seule l'Angleterre, tout en perdant de vastes territoires, a conservé intacte son influence, et semble toujours présente aux lieux où elle ne domine plus, tant, dans l'Américain du Nord, le vrai maître du continent, fermente le vieux levain anglo-saxon. Ajoutez à cela l'intimité des intérêts et des positions admirablement choisies sur terre et sur mer, et vous aurez tout le secret.

Formés en principe des colonies anglaises émancipées, les États-Unis se sont agrandis successivement par l'adjonction volontaire, par l'achat, par l'envahissement. Tout événement comme toute voie leur ont été bons, les désastres de l'Espagne, le système continental de Napoléon, le prompt déclin des républiques espagnoles. Ainsi ils ont jadis marché, portés par la faveur des circonstances ; aujourd'hui se sentant plus forts ou devenus moins scrupuleux, quand les faits ne viennent pas assez vite au gré de leurs désirs, ils les aident à naître. Les Indiens chassés devant eux composent l'avant-garde de la conquête ; détruisant et pillant, selon leur usage, ils font le vide dans le pays désormais sans défense. Alors survient le pionnier. Il a poussé l'Indien, il a acquis le fruit de ses rapines, il offre au Mexique de le débarrasser du déprédateur moyennant 1000 francs pour une chevelure d'homme, et 750 francs pour un prisonnier. C'est bien le moins que le sauveur généreux soit accueilli par le pays délivré! Bientôt suivi de l'émigrant, une autre espèce de *free soiler*, le pionnier dresse sa tente sur le sol étranger et occupe de distance en distance les espaces en vertu de la maxime américaine bien connue et encore plus pratiquée, *les terres libres au premier occupant.* Que peut une contrée ruinée par les dévastations indiennes et que cultive l'habitant des États-Unis? se vendre ou se donner, selon l'occasion. C'est de la sorte que le Texas s'est livré et que le Mexique a cédé deux de ses provinces, le Nouveau-Mexique et la haute Californie, en attendant d'être tout entier la proie volontaire ou forcée de l'*Union.*

Si l'on n'y obvie, ce jour ne tardera pas. Déjà l'Apache et le Comanche ont ravagé au Nord les états de Chihuahua et de Sonora, suivant chacun sa direction habituelle, le premier de l'Est dans l'Ouest et le second du Nord au Sud. Déjà le pionnier anglo-américain a paru à sa suite sur le territoire de ces provinces. On va voir de quelle manière. Ce sont d'abord des bandes armées venant de Californie dans la Sonora, et que d'autres accompagneront; elles arrivent par terre et par mer, en quête, à ce qu'elles disent, d'un passe-port pour l'intérieur [1],

[1] Voyez *la Voz del pueblo d'Ures*, n° du 30 juillet 1851 ; et le *Trait d'Union*, n° du 30 août 1851.

chose bien inoffensive en apparence, mais non jugée telle de la part de pareils hôtes! Ce sont ensuite d'honnêtes coquins qui rendent un fleuve complice de leurs empiétements. Le traité conclu à Guadalupé (Hidalgo) entre les États-Unis et le Mexique désigne comme limite Est de leurs possessions respectives le Rio Bravo del Norte. Or, il faut savoir que là, dans l'état de Chihuahua, en face de la rive dépeuplée des États-Unis, trois grands villages, Isletta, Socorro et San Elzeario, s'élèvent sur le rivage mexicain. Pour le Yankee patriote quel crève-cœur! Pour le Yankee, qui ne brille pas précisément par la haine du bien d'autrui, quelle démangeaison! Mais le traité s'y oppose, et ses clauses sont claires, précises. Que faire, que résoudre entre son scrupule et son désir? Bah! se dit en lui-même le *Yankee* frappé d'une soudaine inspiration, en matière de traités, la lettre tue et l'esprit vivifie, et sans plus délibérer, il fait une digue qui, barrant au bravo son chemin, le rejette bien loin dans l'Ouest, au delà des villages convoités, qui s'endorment le soir sur la rive mexicaine et le lendemain se réveillent sur les bords américains [1]!

Pourquoi cette marche de plus en plus envahissante des États-Unis, et qui procède par des moyens que la morale et la politique flétrissent au même titre? « L'Union ne sait que faire de ses vastes possessions, observe l'*Annuaire des Deux-Mondes*,

[1] Voyez dans *el Faro* du 13 mars 1849 la lettre de M. Cuevas, ministre mexicain, à M. le gouverneur de l'état de Chihuahua, et dans le même journal, à sa date, la lettre précédemment écrite par ce gouverneur au ministre le 20 janvier de la même année. Nous pourrions à l'histoire de cette usurpation en ajouter d'autres, et par exemple la prise de possession des forêts de la ville de Passo (*el Faro* du 22 mai), mais le nombre de ces usurpations est trop grand et le récit en serait trop long.

mais, ivre d'orgueil national, elle veut que sur son drapeau les étoiles se multiplient à l'infini [1]. » Ou cette publication généralement bien informée se trompe gravement, ou la politique des États-Unis est bien puérile. Non, ce n'est pas pour multiplier les étoiles sur son drapeau, non, ce n'est pas même pour la satisfaction moins stérile d'ajouter à ses territoires de nouveaux territoires que l'Union américaine s'est incorporé successivement le Nouveau-Mexique, le Texas et la haute Californie, que de deux côtés à la fois elle frappe aujourd'hui à la porte des États mexicains, et çà et là y excite des soulèvements. Pour quelle cause donc? Je vais le dire.

Maîtres de l'océan Atlantique par les côtes de l'Est, et de l'océan Pacifique par les côtes de l'Orégon et de la Californie, possesseurs des deux points opposés du continent américain, les États-Unis voient leur puissance coupée en deux par le Mexique. Que l'Anglo-américain veuille aller de San Francisco à New-York ou de tout autre port de l'Atlantique à un port quelconque du Pacifique, obligation pour lui de doubler le cap Horn, ou de passer sur le territoire mexicain. Même nécessité pour l'Anglo-américain s'il choisit la voie de terre au lieu de celle de mer. Trois routes s'offrent à la navigation pour éviter le long détour du cap Horn, l'isthme de Panama et celui de Nicaragua dans la mer des Antilles, celui enfin de Tehuantepec dans le golfe de Mexico. De ces trois routes, la dernière se présente à la fois comme la plus courte, la plus facile à pratiquer et la moins dangereuse. L'isthme de Panama qui n'a, il est vrai, que 65 kilomètres à percer, est coupé de telles montagnes, possède un climat si malsain que son percement et sa canalisation offrent des difficultés à peu près insur-

[1] *Annuaire des Deux-Mondes,* page 906.

montables; aussi paraît-on avoir renoncé à l'idée de le traverser par un canal, et déjà 7 kilomètres $\frac{1}{2}$ de chemin de fer sont exécutés, si nous en croyons le *Galignani's Messenger* du 27 octobre 1851. Il en est de l'isthme de Nicaragua comme du précédent. Sur 150 kilomètres à parcourir, 28 de montagnes granitiques seraient à percer, et il faudrait que les tunnels fussent d'une dimension telle, que des navires de premier rang pussent y passer sans encombre. De semblables obstacles n'ont pas été vaincus jusqu'à ce jour. Le seront-ils jamais? L'isthme de Tehuantepec offre sur celui de Panama cet avantage, que le terrain est aussi fertile et l'air aussi salubre qu'à l'isthme de Nicaragua, et sur ce dernier cet autre avantage, non moins inappréciable, que, sur 200 kilomètres de parcours, 150 sont occupés dans le Sud par des lagunes et des prairies, dans le Nord par le Coatzacoalcos dont le lit offre un canal tout fait. Restent 50 kilomètres où des tranchées doivent être pratiquées, mais des tranchées qui n'ont rien que d'ordinaire et qui ne nécessitent ni de gigantesques travaux ni d'extrêmes dépenses. Ce qui, plus que tout le reste, recommande l'isthme de Tehuantepec, c'est sa situation. Le canal s'y ouvrirait dans le golfe du Mexique, les deux autres dans la mer des Antilles. Il présente donc une voie de communication plus directe pour l'Europe, la Chine et les États-Unis. Ajoutons que, placé sous une latitude moins méridionale, il est moins sujet aux calmes, aux violentes chaleurs et aux ouragans qui règnent de préférence dans les parages des Caraïbes. Ainsi, la meilleure des routes maritimes pour les États-Unis de l'Atlantique au Pacifique se trouve, comme nous l'avons dit, en la puissance du Mexique [1].

[1] *Reconocimiento del istmo de Tehuantepec*, etc., por don José de

Mais il serait pour l'Union américaine une route bien préférable à la meilleure de ces voies, *la route qui unirait par terre ses possessions.* Outre les dangers qu'a pour tout le monde la navigation de la mer des Antilles et du golfe du Mexique, exposée aux tempêtes, aux courants et aux récifs [1], outre ces dangers communs, elle en a de particuliers pour l'Anglo-américain. Ici les passages sont commandés par les îles Bahamas et Cuba, là, par les îles sous le vent, et toujours on rencontre l'œil et le canon de l'Europe depuis le cap Canavéral jusqu'à l'île de la Trinité. La route continentale, à l'abri des périls de mer, loin de la surveillance européenne, offrirait donc d'incontestables avantages aux États-Unis. Aussi est-ce le but vers lequel semblent se diriger depuis longtemps tous les efforts de l'Union. La prise de possession de l'Orégon en 1832 par des émigrants n'eut-elle point pour objet ce dessein [2]? Et n'est-ce point à ce dessein encore qu'il faut rapporter la conquête de la haute Californie et du Nouveau-Mexique? Des faits nombreux et concordants vont à cet égard éclairer notre pensée, confirmer nos assertions. L'Orégon qui compte un port important, *Asto-*

Garay. Mexico, 1844, imprenta de Garcia Torres. L'Américain Richard Fisher émet en plusieurs points une opinion différente de la nôtre sur les trois isthmes en question, et semble porter ses préférences sur celui de Nicaragua. Voyez son ouvrage : *The Book of the world*, etc., vol. I, p. 18 et suiv. New-York, 1850, J. H. Colton.

[1] Ajoutons que sur toutes les côtes baignées par le golfe du Mexique et la mer des Antilles, *la fièvre jaune* règne 8 mois de l'année. L'intérieur des terres et les parages maritimes du Nord seuls sont exempts de ce fléau.

[2] *Memoir historical and political on the Northwest coast of north America, and the adjacent territories;* by Robert Greenhow, p. 199. Wiley and Putnam, New-York, 1840.

ria, sur le Pacifique, qui touche par sa frontière orientale à l'état du Missouri, paraissait devoir assurer aux États-Unis la route désirée. Malheureusement on n'entre dans ce pays que par la *South-pass*, passage difficile situé par 42° 24′ 32″ de latitude nord, et par 109° 26 de longitude ouest de Greenwich, à 2430 mètres au-dessus du niveau de la mer. Si nous en croyons le colonel Fremont et nombre de voyageurs, il y gèle dès le mois d'août, et dès le mois d'octobre elle est fermée par les neiges [1], ce que du reste sa situation explique parfaitement. Ce n'est pas tout, les ports de l'Orégon sont d'un accès dangereux; le pays lui-même et la route qui le traverse, froids et inhospitaliers, repoussent le voyageur qui n'est point armé de patience et de courage. La route n'était donc point là; surtout il ne fallait pas songer à l'établissement d'un chemin de fer impossible à travers de tels lieux.

Les États-Unis tournent alors leurs regards d'un autre côté. Le colonel Fremont qui, en 1842, a été chargé de visiter la *South-pass*, reçoit un double ordre : chercher au-dessous de la *South-pass* un passage dans un climat plus doux et un terrain plus praticable, voir s'il ne se trouverait pas une voie conduisant par le grand bassin dans la Californie [2]. La Californie ni

[1] *Narrative of the exploring expedition to the Rocky mountains in the years* 1842, *and to Oregon and north California in the years* 1843-44; by Fremont, of the topographical engineers; New-York, 1849; Appleton et compagnie, 200, Broadway.—*What I saw in California, being the journal of a tour*, etc.; by Edwin Bryant, late alcaide of San Francisco (seventh edition), 1849; New-York, Appleton, etc.—*Travels in the Great Western prairies, the Anahuac and Rocky mountains and in the Oregon territory*, p. 126; by Thomas Farnham. New-York, Wiley et Putnam.

[2] A report of the exploring expedition to Oregon and north California

le grand bassin n'appartenaient point encore, il est vrai, à l'Union. Petite considération si la route nécessaire se rencontrait. Fremont partit, et, après trois années de rudes épreuves de 1843 à 1845, il parvint de concert avec le trappeur Walker à découvrir au sud-ouest du grand bassin, à l'extrémité de la Sierra Nevada, un passage praticable débouchant sur la Californie. Mais la *South-pass* y conduisait seule [1]. Là, par conséquent, n'était point encore la route.

in the years 1842-43, *narrative of the exploring expedition*, etc., p. 55 et suiv.

[1] En un article remarquable publié sous forme de lettre dans une revue du Missouri, *the Western Journal*, n^os de juillet et d'août 1849, Mr. J. Longborough examine au long la question d'un chemin de fer à conduire de l'Atlantique au Pacifique sur les terres de l'Union. Il démontre qu'il ne peut passer ailleurs que par la *South-pass*. Au surplus voici ses conclusions : « 1° Il est impossible d'établir ce chemin au Sud de la ville de Memphis droit dans l'Ouest pour attaquer Santa Fé. Les marais, les tourbières, les ravins, les précipices le long des rivières s'y opposent, et principalement tout le côté sud de l'Arkansas est impraticable.—2° La construction d'un chemin de fer est impossible au nord de Memphis pour aller au Sud-Ouest joindre le Passo del Norte. Les précipices nombreux, les rivières à traverser dans le Nouveau-Mexique constituent de sérieuses difficultés et de grands empêchements. *La route suivie par le colonel Cooke à partir du Passo dans l'Ouest se trouve sur le territoire mexicain, le Rio Gila formant la limite entre le Mexique et les États-Unis.* Au nord du Gila il est reconnu qu'il n'y a pas de vallée et que les montagnes s'opposent à une route par des murailles perpendiculaires de rochers.—3° Un chemin de fer est impossible partant du Mississipi et passant par Santa Fé pour aboutir sur le Pacifique aux ports de San Diego et de Monterey. Le chemin est une route de mulets de Santa Fé à los Angeles, montant et descendant une suite non interrompue de montagnes dont chacune constitue une barrière infranchissable. Les cours d'eau de l'Ouest dans la Sierra Madre courent à travers des canaux très-étroits

Il y avait lieu d'aviser. Les rapports de ses explorateurs connus, le cabinet de Washington prit une décision, et la guerre du Mexique éclata. Dès le début, une chose me frappe. Le commandement militaire paraît moins préoccupé de la guerre et de vaincre, que d'explorer le pays et de reconnaître les chemins. Il résulte des instructions accompagnant une lettre écrite de Washington par le colonel J. J. Abert, ingénieur topographe, au lieutenant de génie W. H. Emory, que l'armée de l'Ouest dont faisait partie ce lieutenant est principalement destinée à explorer le Nouveau-Mexique, les provinces au nord du Mexique et la haute Californie. En effet, rendue à Santa Fé, l'armée se divise en trois colonnes, dont l'une, sous les ordres du colonel Kearny, cherche la route de la Californie par le Rio Gila, au nord des provinces de Chihuahua et de Sonora; la seconde, sous la direction du capitaine Cooke, marche droit à la passe de *Guadalupe*, tandis que le troisième corps, commandé par le

qui se frayent une route au milieu de rocs solides. La contrée, sur une largeur de plus de 300 milles, est une succession de montagnes dont la construction offre des obstacles immenses à vaincre, et dépassant tout ce qu'on voit ailleurs dans la Sierra et dans le continent tout entier. Au résumé, de l'avis des gens du pays, le petit chemin de mulets est le seul connu jusqu'à cette heure et qui très-probablement sera jamais connu.—4° Un chemin de fer est impossible *à l'ouest des montagnes rocheuses, au nord du Gila, au sud de la South-pass et à l'est de la chaîne des Wahsatchs* (le grand bassin de Fremont); tout ce vaste territoire est coupé de vallées étroites et de ravins, traversé dans toutes les directions par d'énormes montagnes. Les forces de soulèvement ont agi d'une manière effrayante; les roches primitives présentent partout des masses irrégulières, des murailles perpendiculaires, des gorges profondes, étroites, sinueuses, où les cours d'eau se précipitent de grandes hauteurs.

colonel Doniphan, descend par le Chihuahua, vers Matamoros, dans le Tamaulipas [1]. La vraie route continentale s'est montrée enfin. Elle a ses portes à l'Est entre le *Passo et* le *Presidio del Norte;* elle débouche sur la Californie par la Sonora, et sur Mexico par le grand plateau central. Elle suit un pays plat et sain, où tout est en abondance, l'eau vive, l'herbe fraîche en toute saison pour les chevaux, la pierre pour les constructions, le bois qui couvre aux environs toutes les éminences. Nous les avons vus de nos propres yeux ce beau pays et cet admirable chemin, et nous en avons un témoin excellent. Voici la lettre qu'écrivait, de retour de son expédition, le capitaine Cooke, commandant de la deuxième colonne d'exploration dont nous avons parlé ci-dessus; elle est adressée au colonel, ingénieur topographe, J. J. Abert :

Washington, le 6 décembre 1847.

« Monsieur,

« J'ai l'honneur de vous adresser sur votre désir un bref mémoire, au sujet de la contrée de Sonora en Mexique, sur laquelle je suis passé en novembre et décembre derniers avec un train de wagons, *à la recherche d'une route praticable.* Je venais de me séparer de la colonne du général S. W. Kearny, se rendant par un sentier de mulets du Nouveau-Mexique en Californie. Tandis qu'il tournait le dos au *Rio Grande* ayant devant lui les mines de cuivre et les sources du Rio Gila, je prenais vers le Sud et suivais le Rio Grande pendant l'espace de 30 *milles.* Là, après avoir décrit une courbe au sud, je remontai au nord, où je

[1] *Notes of a military reconnaissance from fort Leavenworth, in Missouri, to San Diego in California;* by Emory, p. 7 et suiv.

rejoignis la route du général Kearny, un peu au-dessus du village des Indiens Pimos et Maracopas. J'estime que j'avais parcouru une distance de 444 milles.

« A partir du point où je quittai le Rio Grande, la contrée bordant la rivière devint sensiblement plus douce et plus unie. Ce point de départ est en vue de San Diego, et l'on aperçoit du côté du *Passo* une région comparativement sauvage, mais toujours de niveau. De la vallée où coule la rivière, je montai sur le plateau de Mexico par une plaine semée de prairies qui s'élevait graduellement, et sans brusquerie aucune, pendant 150 milles. Je voyageais sur ce plateau au milieu de collines ou de montagnes isolées, sans difficulté et n'ayant à traverser que trois légères ondulations de terrain, dont deux sont à mentionner et la troisième n'en vaut pas la peine. Alors s'ouvrit soudainement à moi une grande ouverture donnant accès, au milieu d'âpres montagnes, à un chemin obstrué de pierres, qui descend pendant 15 milles vers une contrée basse et de surface plane. Je venais de tomber dans une vieille route de voitures venant, à ce qu'il m'a été dit, de *Yanos*, et capable de recevoir mes wagons. Elle suit d'un bout à l'autre le lit d'un ruisseau, avec une inclinaison d'environ 1000 pieds pendant les 15 milles de la pente. Ce ruisseau donne naissance à la rivière *Huaqui* qui va se jeter dans le golfe de Californie. On m'a rapporté que le chemin dont je parle se nomme *Passe de Guadalupe.*

« D'ici jusqu'au Rio San Pedro, qui se perd dans le Rio Gila, j'eus à traverser 80 milles de pays rude, et 80 milles encore le long du San Pedro sans le moindre obstacle de terrain. En quittant cette dernière rivière, on rencontre une légère montée de 100 pieds à peu près, mais qui pourrait être aisément aplanie. Il y a 48 milles de là au *Tueson*, une petite ville de cinq cents habitants, avec fort et garnison. La distance à parcourir présente tout ce qu'on peut imaginer de plus doux et de mieux nivelé. La ville du Tueson se trouve dans une vallée riche et bien cultivée, entourée d'une forêt touffue de magueys. On compte du Tueson au Gila 75 milles, par une plaine au terrain argileux, sur laquelle mes wagons et mes hommes de pied franchissaient 30 milles par jour; l'eau y était rare....

« Ajouterai-je, pour terminer, que j'ai trouvé pendant 100 milles, jusqu'à l'endroit où je l'ai quitté, les bords du Rio Grande parfaitement boisés. Sur le plateau mexicain point de forêts, excepté sur les éminences que l'on a en vue de toutes parts; elles sont formées de cèdres et de pins de moyenne grandeur. Partout on découvre la roche, roche de seconde formation et de toute nature d'où la pierre de construction peut être extraite; et cependant, par cette merveilleuse route plate, le continent est traversé sans qu'un seul bloc de granit se montre au regard. Il y a plus, jusqu'au Tueson, herbes abondantes, capables de pâturer des troupeaux, même en hiver, et, à partir du Tueson, une route qui fourmille de mines d'or extraordinairement riches[1]. »

Elle s'est enfin montrée, nous le répétons, la véritable route, route à la fois continentale et maritime de l'Amérique du Nord. Elle mène, en traversant les défilés del Norte, la Cagnada de Guadalupe, dans la Sonora et de là droit en Californie, au port de San Diego, ainsi que l'attestent le mémoire et la carte du lieutenant Emory. Ici, au lieu des passages difficiles et huit mois de l'année fermés aux voitures que l'on trouve à la South-pass, au lieu des longs détours que l'on est obligé de faire en Orégon et dans le grand bassin, dans des contrées inhospitalières et glaciales, ou sans eau et sans pâturages[2], des passages aisés et

[1] *Notes of a military reconnaissance*, etc.; by W. H. Emory, p. 415.

[2] Nous trouvons dans le *Prospect* de *Mr. Carey*, p. 48, une note

toujours ouverts, une route droite, unie, sous un ciel clément, dans des contrées riches en ressources de toute espèce. Cependant on a mis le pied dans la Californie sans effort ni fatigue, et pour un mauvais port, *Astoria*, qui s'offre à vous dans l'Orégon, trois grands ports vous accueillent par cette dernière route, San Diego qui fait face à Charlestown sur l'Atlantique, et dans les terres presque vis-à-vis au *Passo del Norte* et à la *Cagnada de Guadalupe*, Monterey, situé sous le plus beau ciel de l'univers et dans la terre la plus féconde, San Francisco enfin, qui possède la rade la plus vaste et la plus sûre du monde entier.

Ce n'est pas d'aujourd'hui du reste que l'importance de cette route est connue. Les Espagnols, comme les Indiens Aztèques leurs prédécesseurs, savaient tout ce qu'elle vaut. Trois points fortifiés qui en gardaient les abords à l'Est, à l'Ouest et au Sud, formaient les trois sommets de ce que j'appellerai *le triangle indien*. La grande *Quivira*, située aux sources du Pécos, à peu de distance du Rio Grande ou Bravo del Norte, commandait

concernant le passage de l'émigration américaine dans le grand bassin. L'auteur y exprime son étonnement du nombre immense d'hommes qui prennent cette terrible route, des souffrances épouvantables qu'ils auront à y supporter. Une pensée surtout l'obsède et l'effraye, ils sont là 70 000 hommes en chemin, aux termes d'une lettre qu'il vient de recevoir, 70 000 hommes dont un tiers seulement pourra franchir la Sierra Nevada avant l'hiver. Deux tiers séjourneront donc dans les régions désolées du grand bassin et dans le vaste désert de Shoshoco, où, d'après son correspondant, l'eau se paye communément 10 piastres la pinte, c'est-à-dire 50 francs, où 700 piastres (3500 francs) ont été refusées dans une circonstance pour une tasse pleine. — Dans *la Patrie du 8 janvier de cette année,* je lis à ce propos : « sur 80 000 personnes de tout âge et des deux sexes c'est à peine si 30 000 ont pu gagner les plaines du Sacramento. Les déserts sont jonchés de cadavres d'hommes et d'animaux. »

les *passages du Nord;* la *Caza de Moctezuma* au confluent du Rio San Pedro et du Rio Gila, la passe de *Guadalupe;* enfin les Cases Grandes de *la Malinzin*, placées au centre du plateau de Chihuahua, en même temps qu'elles surveillaient au nord-est les passes du Nord, au nord-ouest la Cagnada de Guadalupe, avaient l'œil ouvert sur la route centrale du grand plateau mexicain. Les Espagnols, avec un système stratégique plus complet, avaient en vue la même défense. Le *Presidio de Yanos* à 24 lieues au nord des Cases Grandes, au confluent de la rivière de ce nom et du ruisseau de la Cienega de Madrid ou Bonansas, comptant à cette époque six mille habitants, était leur centre d'opérations. Deux points fortifiés gardaient les passages du Nord, le *Passo del Norte*, sur la route du Nouveau-Mexique, et le *Presidio del Norte* sur la route du Texas, tous les deux dans l'état de Chihuahua. Du côté de l'Ouest, il y avait trois principaux points militaires : *San Bernardino*, sur la passe même de Guadalupe; *Tueson* et *Fronteras*, commandant, l'un au nord-ouest, et l'autre au sud-ouest, la double route dont la passe de Guadalupe forme la tête[1]. Puisque j'en suis au système espagnol, je l'exposerai tout entier. Ainsi sera mise en lumière la pensée d'un grand peuple sur les communications continentales et maritimes. L'Espagne avait groupé les provinces mexicaines en *terres internes* et *terres externes*. Deux grands commandements militaires dont les siéges étaient Chihuaha et Mexico correspondaient à cette haute classification : le premier avec mission spéciale de surveiller les passages du continent, le second avec charge principale de surveiller les voies de mer et le golfe de Mexico où elles aboutissaient toutes à cette époque [2].

[1] Voir à la fin du mémoire la carte pour la reconnaissance des points militaires et l'intelligence des deux systèmes de défense ici signalés.

[2] *Ensayō Estadistico sobre el estado de Chihuahua*, por Pedro Garcia

Les États-Unis qui ont succédé des nos jours à l'ambition espagnole, qui veulent à leur tour s'assujettir la terre et la mer, poursuivraient volontiers le même but par les mêmes moyens. Cuba et l'isthme de Tehuantepec, qui leur livreraient la route maritime, leur font grande envie; mais plus grande envie encore les terres internes qui assureraient le *chemin continental.* La raison en est, comme plus haut je l'ai fait sentir, que le système maritime espagnol a reçu de sérieuses atteintes par la perte du détroit de Bahama et des îles sous le vent où flotte le pavillon étranger. Quoi qu'il en soit, à peine y eut-il au lendemain de la guerre mexicaine suspension d'armes et dessein de paix entre les États-Unis envahisseurs et le Mexique envahi, c'est-à-dire en 1847, que les commissaires de l'Union déposaient comme proposition préliminaire (et de peur de se tromper sans doute), la double demande de l'isthme de Tehuantepec et des *terres internes*, exigeant sur ce dernier point pour ligne divisoire, les limites sud de la vieille Californie [1]. Mais, comme il fallut en rabattre, Tehuantepec est abandonné, la basse Californie elle-même, et l'on propose cette fois-ci pour ligne divisoire le 32° de latitude nord. Or, pour bien comprendre la portée de cette nouvelle proposition, il faut savoir que cette ligne *mathématique*, ainsi que l'appelle le commissaire mexicain, traverse précisément les états de Chihuahua et de Sonora du Passo del Norte à la Cagnada de Guadalupe pour aboutir à l'océan Pacifique. Le commissaire mexicain vit la ruse, et voici de quelle manière il s'en exprime dans le rapport adressé par lui à son gouvernement, sous la date du 1er mars 1848 : « Une pareille limite aurait le triple inconvénient de nous laisser pour unique

Conde, Gobernador del departemento, p. 14 et 73. 1842; Chihuahua, imprenta del Gobierno.

[1] Le cap San Lucas.

barrière une ligne mathématique sur tout le parcours de la frontière, de nous enlever des possessions aussi importantes que le *Passo del Norte* et la rive gauche du Gila, de couper les communications par terre entre la Sonora et *la péninsule californienne*[1]. » La limite ne fut pas admise, et les États-Unis virent, de gré ou de force, échapper de leurs mains et le Tehuantepec et le passage tant désiré qui, joignant Charlestown à San Diego sur le Pacifique, leur eût donné la route continentale et maritime qu'ils convoitent à l'abri de toute intervention étrangère, sur le sol et par des ports nationaux. Ils furent réduits à se contenter pour cette fois de *la haute Californie*, *du Nouveau-Mexique*, et *du grand bassin* si vainement exploré par le colonel Fremont. Mais, qu'on le sache, rien n'égale l'ambition de l'Union dans ses desseins, si ce n'est sa persistance à les poursuivre. L'annexion du Texas marqua pour eux un premier pas : un second vient d'être fait, le troisième ne tardera guère, si l'on en juge aux paroles et aux actes. On lit dans un article du *New-York-Herald* de juin 1851, les lignes significatives que voici : « Nous recevons l'assurance, par suite de la communication privée que nous a faite un agent du gouvernement mexicain récemment arrivé à New-York, que plusieurs hommes éminents (*leading men*) du Mexique sont préparés à disposer, à des conditions très-raisonnables, des droits de ce pays aux territoires de *Sonora*, de *Chihuahua*, et de *la basse Californie*. Le gouvernement mexicain a même reçu de la part de banquiers anglais à Mexico, qui prévoient une banqueroute générale inévitable si cette mesure n'est pas adoptée, le conseil d'en agir ainsi.

[1] *Tratado de paz, amistad, limites, y arreglo definitivo entre la Republica Mexicana y los Estados-Unidos de America*, etc., p. 11. 1848; Queretaro, imprenta de Lara.

« L'argument en faveur de cette mesure est basé sur d'excellents fondements. Le gouvernement mexicain épuise rapidement les ressources que lui a procurées l'indemnité garantie par les États-Unis, et quand elles seront totalement dissipées, le Mexique sera dans l'impossibilité de faire marcher son gouvernement avec honneur, comme le doit une nation indépendante. En réfléchissant aux moyens de se soustraire à d'aussi pénibles conséquences, le Mexique pense alors à la possession des territoires dont nous venons de parler. Ces territoires sont étendus et peu peuplés, soumis aux incursions de tribus indiennes, hardies, aventureuses et sauvages, contre les attaques desquelles les Mexicains ne peuvent faire aucune résistance efficace. Les propres habitants de ces régions sont eux-mêmes complétement impuissants à se protéger. Si ces territoires étaient sous la *protection* des États-Unis, le gouvernement mexicain aurait bientôt, sur sa frontière septentrionale, un *cordon sanitaire* formé de la population américaine, et nous peuplerions rapidement les riches pays de *Sonora* et de *Chihuahua*, abondants en mines d'or et d'argent et en autres trésors minéraux.

« Maintenant, nous appellerons sérieusement l'attention de notre gouvernement sur cette opportunité d'obtenir un territoire de grande valeur, que nous pouvons exploiter avec tant d'avantages, et *qui peut nous donner une route par terre pour la Californie*. Que le gouvernement examine la carte, qu'il l'étudie avec soin, et qu'il se prépare à faire un arrangement pour cette portion du Mexique qui serait abandonnée au Sud comme une précieuse acquisition, si le Sud se montrait disposé à l'accepter et à la peupler. Le sujet commande une attention immédiate à Washington. »

Après les paroles, nous l'avons dit, les actes, et ceux-ci, chose digne de remarque, sont en parfait accord avec celles-là.

Déjà les hordes sauvages, précurseurs ordinaires de l'Anglo-américain, se sont remuées pour la dévastation dans les États du Nouveau Léon, de Durango, de Cohahuila, de Chihuahua et de Sonora ; déjà des insurrections ont éclaté dans le Tamaulipas[1]. Or, la province de Tamaulipas est, par Matamoros sur le Rio Bravo del Norte et Tampico sur le Panuco, la tête de la route continentale et maritime mexicaine qui, par le Nouveau Léon, Cohahuila, Durango, Chihuahua et Sonora, conduit en Californie. C'est toujours, on le voit, l'ancien procès qui se débat dans ces provinces.

Comment le gouvernement mexicain, obéré de dettes, et dont les recettes accusent, comparées aux dépenses, 3 000 000 de piastres de déficit annuel[2], comment ce gouvernement fera-t-il face à de pareilles difficultés, et à d'autres que lui suscitent les Anglais dans le Yucatan? Le Mexique ne manque d'ailleurs pas moins de population que d'argent, et pendant que le gouffre des finances se creuse, le désert marche et envahit. On le sait à Washington, et l'intrigue, selon que l'indique le *New-York-Herald* et que l'observe avec justesse l'*Annuaire des Deux-Mondes,* se fonde sur le calcul habituel. « On espère tout naturellement de l'autre côté du Rio Bravo que ces États (ceux que nous avons cités), incessamment harcelés par toutes les peuplades sauvages qui les avoisinent, telles que les Apaches et les Comanches, ne trouveront, ni dans leurs propres ressources, ni dans celles de l'État métropolitain, les forces nécessaires pour protéger leurs vies et leurs propriétés : ce sera donc pour ces États une raison d'appeler l'annexion aux États-Unis du Nord comme une garantie de sécurité[3]. »

[1] Voir, depuis le mois de septembre dernier, la collection complète du *Trait d'Union*, journal français qui se publie à Mexico.

[2] *Annuaire des Deux-Mondes*, p. 902.

[3] *Ibid.*, p. 903.

De tout ce qui précède il résulte deux faits : 1° que le Mexique possède la clef du continent du Nord, de l'Atlantique et du Pacifique, et, par la terre et par ces deux mers, de tout le commerce qui s'y fait; 2° que l'existence du Mexique, pressé de toutes parts par les États-Unis, ne tient plus qu'à un fil. Toute la question maintenant se réduit à savoir si l'Europe permettra aux États-Unis de conquérir tant de puissance. La suite ultérieure serait ici plus grave encore que la conséquence immédiate. Par l'émigration, qui chaque jour a lieu sur une plus vaste échelle, l'Union attire insensiblement à elle l'élément le plus énergique de la population européenne; une fois arrivé, elle l'enlace, le retient et se l'assimile par l'engagement des intérêts, par le lien étroit des corporations. Elle fait plus, avec nos hommes elle nous prend nos procédés de fabrication et notre commerce, de sorte qu'une époque prochaine pourrait arriver où l'Europe, dépossédée à la fois de ses débouchés et de la propriété exclusive de son industrie, enfermée dans son propre sol, s'appauvrirait les mains pleines de richesses faute de trouver où les répandre, périrait s'anéantissant sur elle-même.

Je ne prétends point décrire tout entier le mouvement ascendant de l'émigration européenne aux États-Unis, je ne veux qu'en donner une idée. Le *Galignani's Messenger*, dans ses numéros d'août 1851, donne, comme chiffre des émigrants à New-York, pour la période comprise de janvier en juillet de cette année, le nombre de 167 486, nombre supérieur de 42 876 à celui de la période correspondante de 1850. Le même journal donne, comme chiffre normal des arrivages, de 2 à 3000 par jour, et comme chiffre particulier d'une seule journée, celui de 5811. Le même mouvement d'immigration qui a lieu à New-York se reproduit à peu près semblable dans tous les ports des États-Unis, et dans des proportions plus grandes à Boston. Il s'opère dans les possessions nouvelles de l'Union, ainsi que dans les anciennes. Du 12 au 15 avril 1850 il s'embarquait à San Francisco de Californie, 11 652 étrangers [1]. On s'explique ainsi l'accroissement formidable de la population d'un pays qui ne comptait en 1790 que 3 929 827 habitants, et qui en compte aujourd'hui près de 24 000 000. Pour la dernière période décennale seulement, de 1840 à 1850, l'augmentation a été d'environ 7 000 000, et, d'année en année, la proportion tend tellement à monter que le chiffre qui la représente est sur le point, s'il n'y est déjà, de doubler tous les dix ans [2].

L'accroissement de la population dans les États-Unis atteste non-seulement le mouvement continu de l'émigration, il témoigne aussi de l'acclimatement des émigrants, de leur renoncement à la vieille patrie pour la patrie nouvelle. Mais d'où vient ce détachement ici plus ordinaire du sol natal? D'où vient cette perte de l'esprit de retour si peu naturelle au cœur de l'homme et si rare ailleurs? Nous en avons indiqué les causes, l'engagement des intérêts, le lien étroit des associations. Il s'agit de préciser notre pensée.

En France, où il est beaucoup question en paroles de solidarité et d'union fraternelle, chacun vit pour son compte à l'ombre de l'État. Aux États-Unis les choses se passent autrement. L'État fait figure publique, on y voit même des individus posséder, mais l'association seule prospère et dispose. Différente de caractère et de but, tantôt générale et tantôt particulière, s'appliquant à tous les intérêts de la vie, elle embrasse toutes choses et toutes personnes dans ses subdivisions indé-

[1] *Annuaire des Deux Mondes*, p. 842.
[2] *Ibid.*, p. 831.

finies. On s'associe pour défricher, pour commercer et pour fabriquer; on s'associe pour prier, pour faire un acte et pour obtenir une loi. La franc-maçonnerie, qui, en France, a pour but des banquets, a là-bas une action que l'on sent mais qu'on ne peut définir. Un brevet de maçon vaut presque un titre de citoyen. Pour donner une idée de l'association privée, nous citerons la compagnie des fourrures qui exploite l'étendue d'un grand empire et a comme une armée à ses ordres. L'association politique n'atteint pas à de moindres proportions. Aujourd'hui deux associations se partagent tout le peuple de l'Amérique du Nord, l'union des agriculteurs et celle des commerçants. Voilà l'association dans ses grandeurs; dans ses ramifications elle échappe à l'esprit, mais elle enlace tout, entreprend tout et règle tout. Le pionnier, qui s'aventure à la recherche d'un terrain, ne marche pas seul; une étoile lui sert de guide, la pensée de l'association! Les bandes conquérantes, qui tout d'un coup envahissent un territoire voisin et, malgré lui, engagent le gouvernement de l'Union, qui les pousse? l'action occulte de l'association. Voyez cette grande fortune s'abîmer et se relever soudain! Qui l'a défaite et qui l'a reconstruite? la rivalité ou la mutualité des intérêts unis. Sitôt donc qu'un individu débarque sur le sol américain, deux alternatives s'offrent à lui : ou faire corps et être enveloppé, ou agir seul et être étouffé. En d'autres termes, il lui faut périr ou s'abdiquer. Il s'abdique, c'est l'usage. Alors, dépersonnalisé en quelque façon, il devient la chose de sa compagnie. Qu'il s'enrichisse, nominalement il dispose de ses biens, mais en réalité il n'en use pas. On a vu un Français, Stéphen Gérard, vivre pauvre au sein des millions et ne pouvoir même trouver dans sa caisse de quoi secourir sa famille. Il meurt et celle-ci n'hérite pas plus de ses opulentes dépouilles qu'elle n'a été admise à partager sa fortune. Ainsi le supérieur d'une communauté religieuse qui a sur sa tête tous les titres de propriété de la congrégation, vit et meurt sans ordonner de rien.

Pendant qu'ils dénationalisent, en l'enchaînant sur leur sol, l'émigrant européen, les États-Unis s'approprient tout doucement notre commerce et notre industrie. La somme seule des capitaux engagés dans l'industrie s'élevait en 1840 au chiffre de 265 452 429 dollars à répartir entre 29 États. On estime que de 1840 à 1845, ce capital s'est accru de 9 pour 100. De combien depuis cette époque[1]? Quoi qu'il en soit, ce capital s'applique à une foule d'industries dont le nombre et la variété sont plus grands chaque jour. Autrefois les produits industriels aux États-Unis étaient nuls ou à peu près; ils nous expédiaient des matières brutes que nous leur renvoyions manufacturées. Il en sera de moins en moins ainsi. Un tableau comparé de la production des États-Unis à des périodes différentes va nous éclairer à cet égard. En 1810 ce pays produisait 54 000 tonnes de fer; en 1847, il en a produit 800 000. De 1828-29 il livrait 164 000 saumons de plomb et 3700 tonnes de charbon de terre; il a donné, en 1846, 785 000 saumons de plomb, et, en 1849, 3 200 000 tonnes de charbon de terre. Les États du Nord fournissaient, de 1825 à 1830, 110 000 balles de coton

[1] Relevé fait d'après l'ouvrage de Daniel Haskel et Calvin Smith, *A complete descriptive and statistical gazetteer of the States of America*, etc. 1850, New-York, Sherman et Smith. Toutefois, d'après un autre ouvrage, *The Book of the world*, etc., de Richard Fischer, 1850, New-York, J. H. Colton, le capital des manufactures aurait été supérieur en 1840, à celui que nous indiquons d'après Haskel et Smith, de 2 274 150 dollars. Voyez au surplus ce dernier ouvrage, t. I, p. 83-85. Il y a là un détail curieux des principales industries, avec l'indication et du capital qu'elles emploient et du nombre d'hommes.

manufacturé, et, en 1849, 518 000. Les États du Sud qui ne commencèrent à fabriquer qu'en 1846, livrent de leur côté, en 1849, 100 000 balles de coton manufacturé [1]. Mais ce qui prend surtout des proportions effrayantes, c'est la fabrication des étoffes de laine. Elle était, de 1821-29, de 39 500 000 livres; en 1849, elle a été de 81 380 000 livres. Et chose à remarquer, la matière première brute ne peut ici suffire au produit manufacturé. Les États-Unis qui nous demandaient, de 1821 à 1829, 2 000 000 de livres de laine brute, en recevaient de nous 11 380 000 livres en 1849 [2]. Et qu'on ne croie point qu'en ceci se renferme le mouvement industriel de l'Amérique du Nord!

Un des grands centres manufacturiers de l'Union, New-York, outre ses manufactures de laine, outre 1984 moulins à farine, outre 7406 scieries, outre 87 moulins à huile, 500 forges, 156 laminoirs, 221 distilleries, 738 menuiseries, 102 brasseries, 86 fabriques pour cordages et câbles, comptait encore en 1840 (c'est de l'histoire ancienne!) 15 manufactures de verre façonné, 24 fabriques de draps imperméables, 18 teintureries et imprimeries sur étoffes, 1414 tanneries, et des métiers de soierie employant 1679 bobines [3]. On a vu figurer venant de l'Amérique du Nord à l'exposition de Londres, à côté de machines à vapeur de toute sorte, des instruments d'agriculture d'une perfection rare, de la carrosserie, des pianos, des chapeaux de castor, de la ganterie, de la parfumerie et jusqu'à des instruments de chirurgie et de précision. J'ajouterai, pour que l'Europe industrielle y réfléchisse, que comparée à la part plus

[1] Produit par l'esclavage.

[2] Voir pour la vérification des chiffres ci-dessus *the Harmony of interests*, etc., by Henry Carey, p. 10-20; 1851, Philadelphia, Skinne.

[3] *A complete descriptive and Statistical gazetteer*, etc., p. 467.

grande qu'y prend de jour en jour l'industrie américaine, notre part devient de moindre en moindre sur les marchés de l'Union. De 1821 à 1829 les États-Unis fournissaient à l'intérieur 37 000 tonnes de charbon, l'étranger 30 000; en 1849 celui-ci ne livrait que 200 000 tonnes tandis que les États-Unis livraient 3 200 000 tonnes. Enfin l'importation étrangère des laines manufacturées qui donnait 8 900 000 dollars de 1821 à 1829 n'en donnait en 1849 que 11 400 000, alors que les États-Unis élevaient leur production de 39 500 000 livres, ainsi que nous l'avons marqué plus haut, au chiffre de 81 380 000 livres [1].

Dans le commerce, les progrès sont certainement plus prodigieux encore que dans l'industrie. Rien n'exprime mieux l'importance du commerce d'un peuple que ses voies de communications et ses moyens de transport, toujours nécessairement proportionnés au déplacement et à l'échange qui se font chez lui des marchandises. De toutes les nations du monde, le peuple de l'Amérique du Nord est celui qui possède la plus grande étendue de chemins de fer et de voies de navigation intérieure. L'Angleterre ne comptait au mois de décembre 1850 que 6621 milles de chemins de fer, les États-Unis en ont 10 289 milles d'exécutés et 9632 milles en voie d'exécution. Leurs canaux offrent un parcours de 4333 milles, auxquels

[1] *The Harmony of interests*, etc., p. 13, 16 et 17. — Ajoutons ici un fait significatif que nous fournit le dernier message du président des États-Unis. L'Union a importé dans l'année finissant au 30 juin 1851 pour 215 725 993 dollars, et elle a exporté pour 217 517 130 dollars, ce qui constitue un bénéfice d'exportation de 1 791 135 dollars, ou, à peu près, 8 960 000 francs. On le voit, maintenant la balance du commerce, jadis en notre faveur, commence à pencher d'un autre côté. Grave sujet de réflexion pour l'avenir !

vont s'ajouter 350 nouveaux milles [1]. A ces canaux faits de main d'homme, il faut joindre les grands canaux naturels du Mississipi et de ses affluents, le Missouri, l'Ohio, la rivière Rouge, qui eux-mêmes ont 74 affluents navigables [2]. Tous ensemble, ils donnent un parcours de 16 674 milles. C'est donc sur un total de 43 357 milles ou 14 452 lieues de voies naturelles et artificielles. J'omets les lacs et nombre de fleuves et de rivières [3]. Voilà pour les communications intérieures ; sur les deux Océans, le commerce américain trouve à son service des navires qui jaugeaient ensemble en 1818, 1 225 284 et, en 1848, 3 154 011 tonneaux [4].

Le mouvement de l'industrie et du commerce américains, ainsi établi sur des chiffres officiels, serait à lui seul capable de faire réfléchir l'Europe, menacée d'une prompte rivalité sur son marché le plus important. Mais il y a pire à craindre, et les

[1] Article du *Galignani's Messenger* du 11 octobre 1851, fait d'après la collection de rapports, reports-collected, du docteur Lardner's. La construction des chemins de fer n'a été entreprise qu'en 1829, elle date donc de 22 ans. Au train dont elle marche présentement, c'est une lieue environ qui s'exécute par jour. A supposer que la route de l'Ouest, la route continentale, objet de l'ambition américaine, soit commencée, et qu'elle prenne pour son point de départ le point où la rivière Rouge (Texas) n'est plus navigable, pour de là joindre San Diego sur le Pacifique, comme il n'y a du départ à l'arrivée qu'à peu près 400 lieues, un peu plus d'une année suffirait à son achèvement, toutes les forces de l'Union y étant employées.

[2] D'après un calcul de Fischer, *the Book of the world*, etc., t. I, p. 14, plus de 700 bateaux à vapeur naviguent sur ces diverses rivières, faisant le service de la Nouvelle-Orléans. Le premier fut construit en 1811.

[3] Dans *le Book of the world*, etc., *ibid.*, Fischer porte à 20 000 milles le parcours navigable des rivières.

[4] *Annuaire des Deux-Mondes*, p. 869.

États-Unis semblent en ce moment très-préoccupés de hâter l'heure que nous annoncions plus haut comme prochaine, où, après nous avoir dépossédés de notre population et de notre propriété industrielle, ils nous raviront de plus en plus nos débouchés commerciaux et nous enfermeront dans notre sol avec nos richesses présentes devenues des instruments de misère et de perdition [1].

Le système protecteur est à l'ordre du jour dans l'Union. On se souvient que le président actuel, M. Millard Fillmore, par l'organe de M. Thomas Corwin, son ministre des finances, a demandé l'élévation du tarif sur les objets de production étrangère qui trouvent leurs similaires dans la production nationale [2]. De son côté, un économiste américain, M. Carey, dans une série de publications fort goûtées en Amérique [3], s'est proposé de battre en brèche le libre échange. Partant de la comparaison des deux tarifs de 1842 et 1846, l'un favorable à la protection et le dernier au libre échange, il aboutit aux conclusions fondamentales que voici, et qui sont la traduction exacte de l'opinion générale de sa patrie : libre commerce entre toutes les parties de l'Amérique du Nord mises en communication par l'abaissement des barrières de toute sorte, protection tutélaire

[1] Si le système protecteur, ayant pour résultat le développement de l'industrie nationale, prévaut aux États-Unis, que deviendront *les* 600 000 *hommes* qui vivent chez nous de la fabrication du coton, une marchandise achetée brute aux États-Unis, et que nous leur revendons manufacturée? — Voyez pour ce chiffre : *De la decadence de la France*, par M. Raudot; 4e édition, 1850, p. 93.

[2] *Annuaire des Deux-Mondes*, p. 871.

[3] Les plus récentes sont : *The Prospect agricultural, manufacturing, commercial and financial; the Harmony of interests*, etc. 1851, Philadelphia, J. S. Skinner.

contre l'étranger banni dans ses productions manufacturées du marché américain [1].

Il y a de bien autres révélations dans les publications instructives de l'économiste américain. Un certain chapitre IX de l'*Harmonie des intérêts* (chapitre que nous signalons à l'attention des économistes européens), vient en particulier confirmer, en les fortifiant, tous les soupçons que nous avions conçus sur les desseins des États-Unis. Il y est question du chemin à ouvrir vers le Pacifique, et l'on s'occupe fort au long des conditions que doit présenter son parcours pour qu'il soit profitable. On y manifeste le désir de ne plus commercer avec l'Europe sur les mêmes bases, c'est-à-dire en échangeant des produits naturels contre un retour manufacturé. « Les marchandises que nous envoyons en Europe sont lourdes et celles qui nous en viennent

[1] Pour recommander sa doctrine à ses concitoyens, M. Carey invoque deux ordres d'arguments. Il tire les premiers de la comparaison des résultats qui ont eu lieu pour l'industrie nationale sous l'empire des deux systèmes, la protection et le libre échange, et qui se montrent excellents, à son avis, avec le premier, désastreux avec le second. Abordant ensuite la question de plus haut, aux arguments simplement économiques, il joint les raisons politiques. « L'objet du tarif de 1846 et celui du système anglais, dit-il, est d'établir la concurrence et la rivalité, lesquelles mènent à la destruction du pouvoir productif de l'homme; l'objet de la protection est d'obtenir pour l'humanité la permission de combiner ses efforts pour l'accroissement de son pouvoir productif et pour l'amélioration du sort de tous. *Le free trade* regarde au dehors, et tous ses mouvements tendent à la guerre et aux grandes dépenses; *la protection* porte ses regards à l'intérieur, vise à la paix et à la modération des dépenses en ce qui touche aux projets politiques; celui-là enfin pousse à l'édification d'une grande aristocratie financière comme celle de l'Angleterre, tandis que celle-ci favorise le développement d'un self-government parfait. » — *The Prospect*, etc., p. 33.

compactes, ce qui met le fret tout entier à notre charge. » Le parti pris d'attirer, pour en faire son bénéfice, la population européenne, s'y marque par des mots empruntés à la langue commerciale et où respire la convoitise d'un peuple calculateur. « La chose qui a le plus de valeur, c'est *l'homme.* » Il offre un premier profit. « Supposons que nous arrivions à importer un million d'hommes annuellement, le tonnage qui serait nécessaire à ce transport monterait à 830 000 tonneaux, et le fret pour l'Europe, couvert dès lors, ne coûterait plus rien. » Un second profit à tirer de l'homme et plus important, c'est qu'autant d'immigrants autant de nouveaux consommateurs. « En dix ans de temps, nous aurions une augmentation *de treize millions de personnes*, lesquelles consommeraient autant de coton qu'il en est consommé aujourd'hui par le peuple de la Grande-Bretagne et de l'Irlande. » Mais le dernier gain et le plus beau, c'est qu'en s'assurant des consommateurs, on gagne du même coup des producteurs. « Si nous importons de la soie brute (nous avons affaire à un partisan du système protecteur), *nous importerons des Français* pour la manufacturer. » Cette dernière phrase va plus loin que son but apparent, elle vise droit à notre industrie. On songe en effet à se l'approprier. « Si nous voulons accroître notre commerce et notre navigation, l'objet serait atteint par l'adoption de mesures ayant pour résultat d'attirer chez nous, *à côté de la charrue, tous les métiers à tisser.* » Voilà l'Américain fabricant; il lui faut des débouchés. « Si nous importons de la gutta-percha, nous l'obtiendrons d'un pays ou d'individus qui désireront nous acheter des cotonnades, et chez lesquels on peut les expédier à bon marché. » Une pensée couronne enfin ce fameux chapitre, la pensée de l'édification progressive du pays américain se suffisant à lui-même et de son union parfaite de l'Atlantique au Pacifique.

« Nous avons besoin de concentration, afin de rendre notre travail plus productif, afin d'encourager l'émigration. Si ce résultat est possible, *la formation de la région située au delà du Mississipi marcherait avec une rapidité telle qu'avant peu, et dans l'intérêt commun, nous serions mis en communication étroite avec l'océan Pacifique* [1]. »

Mais, nous objectera-t-on, la France a son génie propre pour se défendre, le génie de la science, du goût et des arts, qui lui

[1] J'allais passer outre, après des preuves aussi démonstratives des desseins des États-Unis, lorsqu'en feuilletant le *Prospect*, p. 48, du même auteur, M. Carey, ma main est tombée sur le passage suivant, plus explicite soit en ce qui concerne le projet de se soumettre tout le continent du Nord, soit en ce qui regarde celui d'accaparer les marchés du monde entier : « Toutes les cités concourent à la construction de bâtiments à vapeur, et comme les ressources ordinaires ne suffisent point, on presse le congrès d'établir une nouvelle ligne de bateaux à vapeur pour tous les ports d'Europe, d'Afrique et d'Asie. On sollicite d'autre part des concessions de chemins de fer pour unir le Nord au Sud, l'Est à l'Ouest, de manière à couvrir la surface de notre territoire *depuis les lacs jusqu'à l'isthme de Panama et de l'Atlantique au Pacifique.* » Et, qu'on le remarque, les nouvelles données là par l'économiste américain ne sont point des dires en l'air. Voici en effet le programme de la session prochaine du congrès central, au rapport de la *Revue des Deux-Mondes*, n° du 1er janvier 1852, p. 192 : « Le congrès aura à s'occuper d'un projet de chemins de fer allant du Missouri à San Francisco, d'une ligne de bateaux à vapeur allant de San Francisco à la Chine, de l'établissement d'un hôtel des monnaies en Californie. » Une dernière observation. Si comme tout semble l'annoncer, un gouvernement démocratique succède bientôt à la tête des affaires de l'Union à l'administration whig du président Fillmore, les choses marcheront plus vite vers le dénoûment, le démocrate ayant pour principe de livrer à l'initiative individuelle ce que le whig soumet à l'initiative du pouvoir, de sa nature plus circonspect et plus lent à résoudre et à exécuter.

assurent la supériorité industrielle. Hélas! sur ce point les réponses n'abondent malheureusement que trop, et l'histoire, dont les enseignements sont méprisés ou peu compris, les fournit, à qui sait la lire, irrécusables et tristes. Combien de pays furent grands par les arts et qui ont succombé! l'Égypte, la Grèce, et plus récemment l'Italie. Et ce qu'il y a de significatif et d'effrayant, c'est que le même système qui préside aux desseins et aux actes de l'Amérique contre nous, fut employé avec succès par le reste de l'Europe, alors barbare, vis-à-vis des États italiens. Leur ravir leurs savants, leurs artistes, leurs ouvriers habiles, repousser les produits de leur fabrique, promouvoir au milieu d'eux la guerre civile bientôt suivie de la guerre étrangère, telle fut la politique européenne et celle des rois de France en particulier. Louis XI, le premier de nos rois qui sérieusement s'est préoccupé de l'industrie et du commerce, est le premier aussi qui tourne les yeux vers l'Italie. Il écrit au sieur Dubouchage : « Je vous prie que vous envoyiez quérir le petit Fleurentin pour sçavoir les coutumes de Fleurence et de Venise, et le faites jurer de tenir la chose secrette, afin qu'il le die mieux et le mette bien par écrit [1]. » Avec les successeurs de Louis XI, vient pour l'Italie l'époque des intrigues et des guerres étrangères. Les discordes intérieures, soudoyées et excitées sous main, ont ouvert la porte par où les armées sont entrées. Cependant l'Italie y perd la sécurité qui crée l'industrie et le commerce, l'indépendance qui donne l'essor au génie, tandis que la France y gagne le goût des belles choses et des commodités de l'existence, l'esprit de négoce et d'entreprise. François Ier, agissant selon les cas, toujours avec intelligence, accueille à sa cour par la faveur les savants et les artistes appelés d'au delà

[1] *Histoire de Louis XI*, par Duclos, t. IV, p. 449.

des Alpes dans son royaume, les commerçants et les ouvriers que la persécution ou la misère bannissent de leur patrie. Ainsi les lettres et les arts naquirent parmi nous, ainsi la fabrique lyonnaise, fondée par Louis XI, acquit la supériorité qui jusqu'à présent lui est restée [1].

L'industrie s'établit, la protection commence. Un droit d'importation de deux écus d'or frappe la pièce de velours ou de drap de soie étrangère [2]. C'était un premier pas et un premier coup porté; le système protecteur fut nettement formulé quelques années plus tard par un ministre italien, *René de Biragues,* sous le gouvernement d'une princesse italienne, la reine mère Catherine de Médicis: « Afin que nosdits sujets se puissent mieux adonner à la manufacture et ouvrage des laines, lins, chanvres, et fillaces qui croissent et abondent en nosdits royaume et pays, et en faire et tirer le profit que fait l'estranger, lequel les y vient acheter communément à petit prix, les transporte et les fait mettre en œuvre, et après apporte les draps et linges qu'il vend à prix excessif.... Défendons très-expressément toute entrée en cestuy nostredit royaume de tous draps, toilles, passements et canetilles d'or ou d'argent, ensemble tous velours, satins, damas, taffetas, camelots, toiles et toutes sortes d'étoffes rayez ou y ayant or ou argent, et pareillement de tous harnois de cheveaux, ceintures, espées et dagues, estrieux et esperons dorez, argentez, sur peine de confiscation desdites marchandises.... Davantage défendons l'entrée en nostredit royaume et pays de toutes sortes de tapisseries estrangères de quelque étoffe et façon qu'elles soient, sur les mêmes peines que dessus [3]. »

[1] *Histoire de France*, par Henri Martin, t. IX, p. 247.

[2] *Ibid.*

[3] Édit de janvier 1572 sur le commerce à l'étranger et sur la police du royaume, Isambert, *Rec. des anciennes lois françaises*, t. XIV, p. 241.

La voie est tracée désormais, il ne reste plus qu'à poursuivre. Ce sera l'œuvre des successeurs de René de Biragues, depuis Sully jusqu'à Colbert, qui porte le système au dernier degré de perfection [1]. Mais, va-t-on peut-être nous répondre maintenant : oui, sous bien des rapports le présent se réfère au passé; oui, l'Amérique fait à l'égard de l'Europe, comme autrefois agissait la France vis-à-vis de l'Italie, elle tend à nous ravir notre industrie et notre commerce, à bannir nos produits de chez elle, à attirer nos ouvriers et à s'approprier à notre détriment les grands marchés du monde. Oui, cela est vrai; mais en un point la similitude cesse, et dès lors la comparaison tombe en défaut. L'Amérique n'intervient dans nos affaires ni ostensiblement ni secrètement, elle ne pèse sur l'Europe ni du poids du fer ni de celui de l'or; on ne la vit jamais fomenter chez nous les troubles civils pour en expulser l'industrie et le commerce qui vivent de paix; au lieu d'encourager nos arts pour les appeler chez elle, au lieu de nous les envier, elle les méprise ou les dédaigne. En est-on bien sûr? En ce qui concerne l'intervention politique, n'est-ce pas quelque chose d'approchant que la harangue d'un certain général américain Walbridge, disant dans un banquet à Birmingham en l'honneur de Kossuth que, *quand viendrait l'heure de la lutte suprême entre le despotisme et la liberté, les hommes d'Amérique marcheraient avec ceux d'Angleterre, bras dessus bras dessous, s'épaulant mutuellement?* N'est-ce pas aussi quelque chose qui y ressemble que les grands banquets fraternels des villes de l'Union où chaque jour, au milieu des

[1] Voyez, pour tout ce qui concerne le mouvement industriel et commercial, la lumineuse et rapide exposition qu'en donne M. Augustin Thierry dans le cours de son *Histoire sommaire de la formation et des progrès du tiers état*, placée en tête du premier volume de la publication qu'il dirige pour le compte du gouvernement.

hurras, l'on proclame la solidarité des peuples, et l'on jure de s'unir dans une haine commune à ses frères d'Europe pour la chute des trônes et la destruction des tyrans? N'est-ce point enfin quelque chose qui y ressemble de plus près encore que l'envoi d'un agent américain sur le théâtre de la guerre hongroise, envoi qui a donné lieu depuis à un échange de notes diplomatiques entre la cour d'Autriche et le cabinet de Washington [1]. Pour ce qui se rapporte au dédain prétendu professé pour les arts par l'*Anglo-Américain*, notre réponse consistera dans la transcription pure et simple de la note suivante, traduite des journaux américains :

« La Société américaine des arts (*American Arts-union*), dont le siége est à New-York, et qui, en 1839, n'avait que 814 membres, en comptait, en 1845, 3233, et en 1848, 9646. Elle en comptait, en 1850, 11 942; et actuellement le nombre de ses membres s'élève à 16 476. »

Au résumé, il existe donc une analogie complète entre le fait historique et le fait qui se poursuit, et l'on part des mêmes moyens afin de parvenir au même but. Il y a plus, il y a avantage dans l'état des choses pour y toucher plus vite, et le résultat s'offrira plus grand. La lutte a passé des États aux continents, la vapeur et l'électricité [2] ont rapproché les distances, la presse

[1] Voy. les numéros des derniers mois de 1851 du *Galignani's Messenger* et du *Journal des Débats*. Avec ces faits, on y trouvera consignés nombre de faits de la même nature.

[2] Il y a en ce moment 11 000 *milles* de télégraphes électriques construits aux États-Unis. De Québec ou de Montréal à la Nouvelle-Orléans il y en a 4000 *milles*. On obtient une réponse en deux heures. De New-York au *Fond du Lac*, dans le Wisconsin, il y a une distance de 3000 milles, allée et retour. On a une réponse en une heure, tous les délais compris. On achète et on vend au moyen du télégraphe électrique, on re-

répand la pensée au même instant dans des milliers de cerveaux. Dans le conflit futur, le globe sera le champ de bataille, des mondes entiers les antagonistes, et des agents formidables les armes; cependant l'élévation comme la chute sera plus soudaine, plus profonde, plus irrémédiable.

J'ai exposé, de manière à les rendre évidents et certains pour tous, les projets de la république anglo-américaine; j'ai éclairé les voies par lesquelles elle y marche sans frein ni scrupule, la conscience tranquille et la tête haute; j'ai nommé enfin l'unique barrière, prête à tomber bientôt, qui retienne encore une ambition que hâte et précipite l'approche du but. J'ai fait davantage, j'ai montré à l'Europe les dangers qui la menacent de l'autre côté des mers, et dit de quelle façon un continent formé par elle-même se prépare à la dépouiller de ses peuples et de ses richesses, à lui succéder de son vivant. L'avertissement serait sans profit, si l'état des choses était sans remède. Dieu merci, nous n'en sommes point là. Le Mexique, quoique harcelé de toutes parts et à toutes les heures, depuis surtout qu'un traité de paix et d'amitié a été par lui conclu avec l'Union et qu'il l'a scellé pour sa part au moyen de l'abandon du Nouveau-Mexique et de la haute Californie, le Mexique n'a pas été rayé pourtant de la carte des États politiques. Tant qu'il restera debout, il y aura loin des vues de l'Anglo-américain à leur objet, aussi loin qu'il y a du Nouveau-Mexique à la haute Californie. Tant que les portes du *Passo del Norte* et de

tient des appartements dans les hôtels, et on annonce son arrivée dans sa famille, on cause amicalement à des distances énormes comme si on se parlait par la fenêtre ou sur sa porte; enfin le télégraphe électrique est d'un usage universel et va du moindre cottage au palais. Extrait de l'ouvrage de M. Watkins, *the Electric telegraph in America*, donné par le *Galignani's Messenger*, n° du 29 décembre 1851.

la *Cañada de Guadalupe* ne seront pas en la possession des États-Unis, ceux-ci n'auront ni la clef des terres ni celle des mers, ils ne pourront ni s'enfermer chez eux, ni s'ouvrir sans concurrents possibles les vraies routes pour eux du commerce, les routes des Indes orientales, de la Chine et du Japon [1]. L'Europe peut donc conjurer encore l'avenir, ou, si Dieu qui dispose de l'existence des pays comme de la vie des individus, si Dieu lui a mesuré les années, retarder d'un instant au moins l'heure fatale. Au Mexique s'offre pour elle, avec une contrée admirable, un point d'appui politique énergique et sûr. Les États de Sonora et de Chihuahua, presque totalement dépeuplés par les incursions indiennes, tiennent *la double clef* du chemin continental et de la route maritime. Or, la défense en est facile, car l'on n'y entre, tant du côté de l'Est que de celui de l'Ouest, que par un petit nombre de défilés qui s'ouvrent au travers de montagnes à peu près inaccessibles. Des colons européens établis dans ces fertiles provinces sauraient les protéger et avec elles l'intégrité du territoire mexicain. Il y va, nous en avons déduit les raisons, de l'intérêt des grandes nations européennes qu'ils arrivent au plus tôt. Je sais que l'Angleterre, habile à prévoir les difficultés futures, a déjà pris position en face des États-Unis. Surveillant par les Bermudes les côtes orientales de l'Union, elle commande par les Bahamas l'entrée du golfe du Mexique, par la Jamaïque et ses Iles sous le Vent la mer

[1] San Francisco de Californie, destiné dans la pensée américaine à former la tête de ces routes, est entré déjà en pleine communication avec la Chine. Une colonie chinoise a été appelée à l'exemple des colons européens dans la baie de San Francisco; chaque jour des navires entrent ou sortent de cette baie à la destination de Canton ou en venant. Enfin l'établissement d'une ligne fixe de vapeurs pour le service spécial de la Chine fait partie du programme de la session prochaine du congrès.

des Antilles. Je sais aussi que les Indes orientales lui appartiennent, que l'Australie lui donne entrée dans l'océan Pacifique, et qu'elle a arboré son pavillon dans la mer de Chine vis-à-vis même de Canton. De plus l'élément anglo-saxon qui domine aux États-Unis, l'influence des capitaux anglais qui sont présents et agissants ici comme partout, tendent à rassurer l'Angleterre pour un temps. Qu'elle y prenne garde néanmoins, le jour où le marché américain serait fermé à ses produits, le jour où l'industrie américaine, mise en mesure de lutter avec la sienne par l'application suivie du système protecteur et l'émigration des métiers européens, lui disputerait le marché du Japon, de la Chine et de l'Océanie, avec l'avantage résultant d'une proximité plus grande et d'une terre mieux approvisionnée en matières premières de toute sorte, ce jour-là elle serait vaincue ou fort près de l'être.

Mais les nations qui ont l'intérêt le plus direct, le plus pressant à refréner l'ambition des États-Unis, sont la France, l'Espagne, l'Autriche, l'Italie et la Belgique. Outre les exigences actuelles de leur commerce, de leur industrie, de leur marine, et pour l'Espagne en particulier le besoin présent de la conservation de ses colonies, la communauté de race ou de religion, d'esprit ou de langue engage étroitement ces peuples dans le parti du Mexique, et fait du salut de cette république leur propre salut. Entre la race slave qui s'avance vers elle sur le continent européen et lui pèse dessus de tout le poids de sa jeunesse, de sa forte unité monarchique et de sa puissance militaire, et la race anglo-saxonne qui de plus en plus domine sur les mers comme la Russie sur le continent, la race latine décline en tout lieu. Son influence a baissé sensiblement dans le vieux monde et le nouveau lui échappe graduellement. Que sont devenues les vastes possessions espagnoles qui faisaient dire avec orgueil à Charles-Quint que jamais le soleil ne se couchait sur ses domaines? Qu'est devenue la florissante Italie, la mère de tous nos arts? Où sont même pour la France les glorieux jours de Louis XIV et de Napoléon? Espérons pour leur retour dans les destinées de la France! Espérons, mais en préparant l'avenir pour le jour où nos destins seront clos; mais en léguant à nos enfants une part de la terre promise, afin que, quand le soleil de la civilisation se couchera sur nos contrées, il se trouve de l'autre côté des mers des représentants de notre sang, de nos idées, de nos intérêts, et que notre âme au moins nous survive!

Chaque race a sa mission spéciale en ce monde. Animé de l'esprit de lucre et de l'esprit d'indépendance personnelle, l'Anglo-Saxon a reçu pour emploi de défricher et de faire valoir le domaine humain, et pour dons spéciaux l'activité entreprenante et l'âpre individualisme. Toujours envahissant et toujours renfermé en lui-même, on le rencontre sur tous les chemins, dans tous les pays, la main dans toutes les affaires, mais Anglo-Saxon et rien qu'Anglo-Saxon. Pour son industrie il ne connaît pas de barrières, et autour de lui et de ses sentiments on ne le voit occupé qu'à élever des murs, murs protecteurs de sa personne, de son foyer, de sa cité, de sa province, de sa patrie hors de laquelle il n'y a plus rien. *Commerce cosmopolite*, *self-government* et *libre examen*, voilà sa triple formule, la loi selon laquelle il se répand ou se contient. Il en est tout autrement du Latin. Doué par le ciel de facultés brillantes, d'un cœur humain et d'un esprit généralisateur, il poursuit de préférence l'art dans l'industrie, la société de son semblable dans le commerce, et l'unité morale des hommes dans la politique et dans la religion. Héritier tout à la fois des Athéniens et des Romains, sa mission, s'il n'y fait défaut, sera de réunir le monde dans le lien commun de l'idée, tandis que celle de l'Anglo-Saxon paraît être de l'enchaîner à ses intérêts propres. Que le Latin manque à son devoir, le Russo-Slave est là, le Russo-Slave que guident nos traces depuis Pierre le Grand, et qui n'attend qu'une occasion, qu'un mot pour nous succéder à la tête du mouvement, un instant d'arrêt dans la marche séculaire de la France et l'aveu de son impuissance à poursuivre sur le chemin des destinées providentielles de sa race : *non possumus.*

Pour quel motif appelons-nous ainsi l'attention générale de l'Europe, l'attention spéciale des peuples latins sur le Mexique et sur le continent américain du Nord, et non point sur les États du Sud, tout aussi fertiles et où l'influence reste à l'élément latin ? Pour quel motif? Le voici. L'observateur qui a suivi, la carte du globe sous les yeux, le mouvement des races, a pu remarquer que celui de la race caucasienne ne put jamais dépasser sans péril le 60° de latitude nord, ni s'étendre au Midi plus loin que le tropique du Cancer. Les Espagnols et les Arabes qui l'ont tenté y ont perdu leurs efforts ou n'ont conquis pour prix de leur obstination qu'une indolence misérable. Dans les climats inhospitaliers de la zone torride, on dirait qu'il n'y a place que pour les races dégénérées, le noir, le cuivré et le jaune. Ajoutons que dans le cercle aussi du mouvement des races blanches est située la masse des terres, s'agite la masse des populations, et que là, avec la vie et l'industrie, se trouve l'action du commerce. Sortez de cet espace, les continents s'éloignent, les routes s'allongent semées de plus de dangers, et, sous un ciel moins salubre, vous apparaissent des contrées mornes ou désertes, d'où l'existence fuit si elle n'y dort d'un sommeil éternel. Dans la question mexicaine sont donc étroitement engagés et nos intérêts présents et nos intérêts futurs, la prospérité du vieux continent et l'avenir du nom latin. Comme Européen, comme Français, je supplie l'Europe, j'adjure ma patrie d'y réfléchir, et d'y réfléchir à l'exemple des grands pays qui pensent mûrement pour agir plus prompts et plus résolus, la décision prise.

LE MEXIQUE.

RESSOURCES INTÉRIEURES ET EXTÉRIEURES QU'IL OFFRE A L'ÉMIGRATION EUROPÉENNE.

A propos des *passes du Nord* et de *Guadalupe*, j'ai montré l'importance du Mexique comme point de défense politique et militaire, industrielle et commerciale. Il ne me reste plus qu'à noter un à un les avantages nombreux que rencontrerait l'émigration européenne dans ce pays véritablement favorisé du ciel, et à qui l'homme seul a manqué jusqu'à ce jour. Situé du 15° 20′ au 33° 30′ de latitude nord, et entre le 90° et 117° de longitude ouest de Greenwich, baigné par deux mers, le golfe qui porte son nom et l'océan Pacifique, formé de trois grands plateaux successifs qui s'élèvent par degrés jusqu'à 3233 mètres au-dessus du niveau de la mer, riche en mines de toutes sortes, le Mexique possède un territoire dont l'étendue est quintuple de celui de la France [1]. Cependant sa situation géographique lui permet les relations commerciales avec l'Europe d'un côté et l'Asie de l'autre; il jouit dans un cercle assez limité de tous les climats du monde et des productions diverses que ces climats fournissent; et, doté de la richesse agricole la plus variée et de débouchés naturels pour répandre ses produits, la fortune, pour comble de bienfaits, lui a donné encore les métaux

[1] *The book of the World*, etc. By Richard Fisher, vol. I, p. 389 et suiv.

précieux, instruments des échanges. — Voilà le Mexique vu d'ensemble, considéré dans ses principales ressources. Un coup d'œil jeté sur chacune en particulier nous édifiera plus complétement.

La république mexicaine compte trois ports principaux mis en rapport avec l'Atlantique par le golfe du Mexique : Vera-cruz, Tampico et Tabasco, et trois autres grands ports dans la mer du Sud : Acapulco, Mazatlan et Guaymas, ce dernier dans le golfe de Californie, golfe aussi facile pour l'entrée et sûr pour le séjour des navires que la meilleure rade du monde [1]. A ces voies commerciales viennent se joindre des rivières navigables telles que le Rio Bravo del Norte, le Panuco, le Tabasco et le Guazacoalco : la première dessinant du Nord au Sud la frontière du Mexique; la deuxième pouvant unir Mexico à la mer par la tranchée de Montézuma prolongée et se jetant dans le golfe du Mexique, au port de Tampico; la troisième ayant sa source dans l'État de Chiapas et son embouchure, après 132 lieues de parcours, dans le port de Tabasco; la dernière enfin qui un jour servira peut-être de tête au canal projeté de Tehuantépec destiné à joindre, comme on sait, l'Atlantique au Pacifique. Après ces rivières nous signalerons le Rio de Santiago ou de Lerma qui naît dans la lagune de ce dernier nom, court pendant 208 lieues jusqu'au port de San Blas, et pourrait, à l'aide de travaux plus considérables, mettre Mexico en communication avec le Pacifique, comme le Panuco avec l'Atlantique [2]. Le Mexique

[1] L'entrée de cette rade est sous la surveillance du cap San Lucas, qu'un officier de la marine américaine, Rodman Price, compare, pour l'importance militaire et maritime, à Gibraltar. *What I saw in California*, etc. By Edwin Bryant, p. 411.

[2] La ville de Mexico, située au centre des Cordillières, est entourée de sept lacs : Chalco, Tescoco, Coyuca, Téopan, Mestitlan, Xochimilco et

possède en outre deux grandes artères de chemins qui, prenant également leur point de départ de Queretaro, se dirigent l'une vers le Nord-Est par Monterey jusqu'au Texas, l'autre vers le Nord-Ouest par le Chihuahua et la Cañada de Guadalupe, et, ce passage franchi, débouchent dans la Sonora et de là sur le Pacifique. Ces deux voies mères s'avançant par des terrains légèrement ondulés dans des régions fécondes et douces, entre des montagnes couvertes de bois ou riches en métaux, seraient à peu de frais transformées en chemins de fer, avec des transports assurés.

Les hauteurs barométriques plus que les degrés de latitude décident des climats au Mexique. Des bords de la mer à 833 mètres au-dessus de son niveau règne la température des zones torrides, et là, à côté des champs de nopals-cochenille, de tabac, d'indigo, de cannes à sucre, de bananes [1], vous verriez s'élever l'arbre de cacao, le goyavier, le palmier, le tamarin, le sassafras et le charmant arbuste qui donne le café. Aux mêmes lieux le regard rencontre de vastes forêts où fourmillent les précieuses essences de bois, le palissandre, l'acajou, l'ébénier et les arbres de teinture. Les plantes médicinales croissent à foison dans ces forêts et le long des arbres grimpe la plante de vanille. Montez maintenant de quelque mille pieds, et voici, avec la température chaude des régions européennes, le citronnier et l'oranger d'Es-

Lerma, et, à l'époque des grandes pluies, les plaines qui l'environnent sont inondées. Un ingénieur habile, en ouvrant des tranchées de ces lacs au Panuco et au Santiago, augmenterait le volume d'eau de ces rivières, et mettrait à l'abri des inondations annuelles les campagnes voisines. Un double profit, profit agricole, profit commercial, aurait bientôt couvert les dépenses nécessaires.

[1] Une terre de 120 mètres carrés, qui ne produit que 30 livres de grain et 80 livres de pommes de terre, produit près de 5000 livres de bananes! *The book of the World*, etc.. vol. I, p. 394.

pagne qui précèdent de quelques pas l'olivier, l'amandier, le grenadier, la vigne, et les végétaux qui les accompagnent. Bientôt arriveront, avec les régions froides, le pommier, le poirier, le cerisier et tous les arbres de nos contrées produisant fruits à pepins ou à noyaux. Dans les forêts composées à présent de chênes, de platanes, de frênes et de lauriers s'abritent le noisetier et le framboisier, se cache sous l'herbe la fraise sauvage. Aux mêmes parages, et suivant les degrés d'une échelle successive, toutes nos plantes potagères se montrent, légumes, racines, tubercules, oignons. Enfin viennent le cèdre et le sapin, après lesquels la végétation disparaît sous la neige. Les céréales et le maïs abondent au Mexique et leur rendement y est de beaucoup plus fort que dans les meilleures terres de France; le coton y est récolté aussi. Mais ce qui distingue l'agriculture mexicaine, c'est l'éducation des bestiaux. D'immenses prairies naturelles, coupées de loin en loin pour la culture aux approches des villes, s'étendent d'un bout à l'autre du grand plateau central sur une longueur de plus de 500 lieues du Nord au Sud. De nombreux et grands troupeaux de bêtes à cornes, de mulets et de chevaux y paissent librement sous la surveillance des *haciendas* situées à leur centre[1].

Il est une richesse pour laquelle le Mexique n'a pas d'égal, c'est sa richesse métallurgique. Mines d'or, mines d'argent, mines de fer, mines de vif-argent, mines de cuivre, mines d'étain, etc., semblent s'être donné rendez-vous dans son sol. Avant la guerre de l'indépendance 3000 mines d'or ou d'argent étaient exploitées et leur produit annuel s'élevait à 23 000 000 de piastres. Aujourd'hui, malgré les obstacles qui résultent du peu de sécurité et du défaut de libres communications qui ont fait aban-

[1] *The book of the World*, etc., p. 389 et suiv.

donner les moins riches, elles rendent encore annuellement 25 000 000 de piastres à peu près. Les mines de mercure, de fer, de cuivre n'ont guère donné jusqu'à ce jour au delà de 1 000 000 de piastres par an. On a calculé que le produit annuel de l'ensemble des mines était d'environ 30 000 000 de piastres; il a été de 1849-50 de 36 000 000 de piastres [1]. Un pays aussi splendidement doté que le Mexique sous le rapport des voies naturelles, des productions agricoles, et des richesses métallurgiques, n'a qu'à vouloir pour devenir un peuple industriel et commerçant. Il possède les matières premières que le travail transforme, l'instrument du travail et celui des échanges, le marché enfin que créent l'abondance des choses et la facilité de les obtenir. En l'état actuel, à part la fabrication indigène des cuirs travaillés en perfection, des manteaux d'hommes et des châles de femmes du nom de *Sarapé* et de *Rebossos*, des poteries indiennes remarquables par l'éclat des couleurs, et de la cire qui, modelée de cent manières, se façonne ici en véritable objet d'art, l'industrie mexicaine fait petite figure. Quelques manufactures de faïence, de papier, de verres communs, quelques filatures de soie et fabriques de laine pour draps ordinaires et couvertures, voilà tout, si l'on y ajoute le travail des fils d'or et d'argent, des galons et des franges, du palmier tressé. La ville de Zamora, dans l'État de Morella, est cependant renommée pour ses tissus de soie, et nous avons vu à l'exposition de Mexico des rubans admirables comme tissage et teinture. Le Mexique compte bien 62 filatures de coton rendant 3 000 000 de livres de coton filé, qui ouvrées, donnent 1 000 000 de mètres de pièces d'étoffe; mais la

[1] *The book of the World*, etc., p. 398. *Cuadro sinóptico de la república mexicana en* 1850, por Miguel Lerdo de Tejada; Mexico, imprenta de Ignacio Complido.

contrebande anglaise et américaine vient à cet égard tellement en aide au travail national qu'il est difficile de préciser quelle est la part de chacun dans l'œuvre commune. On suppose que la valeur produite par l'industrie atteint en somme au chiffre annuel de 90 000 000 de piastres.

Le commerce gêné dans son action par un double système de douanes intérieures et extérieures, toujours sous le coup des formalités, des prohibitions et des confiscations, mal servi par le mauvais état des routes et des ports, n'égale pas même l'industrie au Mexique, où pourtant chacun est commerçant. Les principaux articles d'exportation sont, avec les produits des mines, des matières médicales, des cuirs, de la vanille, de l'indigo, du café, du sucre, du cacao et surtout de la cochenille, dont il est expédié pour 500 000 livres sterling par an[1]. Quant au commerce d'importation, une contrebande systématique répondant à des droits excessifs, on ne peut guère en donner une idée quelque peu exacte. La contrebande se fait partout au profit des Anglais et des Américains, ce que le voisinage explique. La France en a souffert, et, au dire d'un négociant éclairé de Mexico, notre importation, qui était il y a 18 ans de 40 000 000 par an, est tombée aujourd'hui au-dessous de 20 000 000. L'importation européenne se compose surtout de cotonnades pour les Anglais, de librairie et d'articles de Paris, de vin et d'eau-de-vie pour nous, et pour l'Allemagne et la Suisse de quincaillerie et de mercerie.

Que manque-t-il au Mexique pour être le plus prospère des États ? Ce que les Américains nomment à juste titre la valeur par excellence, *l'homme*. Ce vaste territoire ne contient guère que 7 000 000 d'habitants sur lesquels 2 000 000 de race blanche[2].

[1] *Book of the World*, etc., vol. I, p. 395.
[2] *Annuaire des Deux-Mondes*, p. 884.

Une population aussi petite dans un pays cinq fois grand comme la France ne peut suffire, on le comprend, ni à la mise en culture du sol, ni à l'exploitation de ses trésors naturels, ni à la défense de la contrée. Aussi la terre manque-t-elle de bras, l'industrie est-elle à peu près nulle, les routes se trouvent-elles mal tenues et peu sûres, et de toute part les frontières se trouvent-elles débordées, et le pays envahi par de hardis contrebandiers, par des maraudeurs sans nombre, par l'Indien dévastateur trop souvent compagnon du Yankee. Aux maux qui affligent le Mexique il n'y a donc qu'un remède approprié, la colonisation européenne. Des étrangers laborieux et bien dirigés rendraient à ce pays la sécurité et l'abondance; ils canaliseraient les eaux qui se perdent, traceraient les routes à peine marquées, veilleraient aux frontières, remueraient le sol en friche et créeraient l'industrie et le commerce. Les terrains à concéder sont nombreux, de vastes contrées au Nord sont désertes, qu'on les leur donne et qu'on les peuple ainsi. Mais il importe de choisir parmi les Européens ceux que la communauté de race, de culte et d'intérêts, font les alliés naturels de l'État qui les appellerait, et qui peuvent le mieux s'unir à lui pour la protection commune contre des voisins aujourd'hui trop influents. Alors la dette mexicaine pèserait peu et les voies d'une prospérité sans exemple seraient ouvertes, d'une prospérité supérieure à celle des États-Unis, parce que l'art ici se joindrait au confortable, les élégances de la société aux jouissances de la vie intime sous l'influence de l'esprit latin, ennemi du farouche isolement et des convoitises purement matérielles.

MES VOYAGES EN AMÉRIQUE,

LEUR BUT ; RÉSULTATS OBTENUS.

Lorsque je partis de France en novembre 1847, pour me diriger vers l'Amérique, j'étais conduit par cet unique sentiment que l'avenir prêt à se fermer pour nous devait être dans le nouveau monde. Déjà, en des années antérieures, j'avais visité les principaux points de l'Amérique du Sud, le Chili, le détroit de Magellan, Montevidéo et le Brésil. Mais bientôt je m'étais convaincu que dans ces pays condamnés au déclin par les ardeurs du climat ou l'éloignement des communications, le grand mouvement civilisateur ne pouvait s'opérer présentement. Aussi débarquai-je cette fois-ci à New-York. De là le chemin de fer me conduisit jusqu'à Charlestown, d'où un bateau à vapeur me transporta, en passant par les Bahamas, dans l'île de Keywest (Clef de l'Ouest). J'y fis construire et armer une goëlette à mes frais, avec le dessein de reconnaître l'isthme de Tehuantépec. Les États-Unis et le Mexique étant alors en guerre déclarée, le consul général de France à la Havane, M. Mollien, que je vis pour prendre ses conseils, me détourna du sondage du Guazacoalco, et j'entrepris l'exploration des Florides qui rentrait dans mes projets.

Pourquoi toutes ces démarches, et quel en fut l'effet? Un court séjour aux État-Unis, l'invasion de la Californie poursuivie en même temps que celle du Mexique, le projet d'un canal à conduire du Guazacoalco à Tehuantépec, m'avaient instruit des tendances de l'Union vers l'océan Pacifique. J'imaginais bien que si jamais les Américains s'ouvraient une route par mer sur cet océan, ils éviteraient de passer désormais sous le canon des Anglais et des Espagnols établis à la Havane et aux Bahamas. Or, nul doute qu'ils ne la cherchassent à cette époque. On parlait trop de Tehuantépec pour que cela ne fût point, et la construction commencée des forteresses de Keywest et des Tortugas dans le golfe du Mexique précisait leur pensée à cet égard. Toute la question consistait dans la possibilité d'un passage qui leur fût propre pour venir de leurs ports de l'Atlantique dans le golfe du Mexique. Existait-il? non. Était-il réalisable? c'est ce que je voulus savoir. A l'aide de ma goëlette et des sondages que je pratiquai sur la côte ouest des Florides, je reconnus qu'il n'y avait là qu'un port offrant à la fois un bon refuge et une entrée facile quoique obstruée par les sables et ne brassant à cause de cela qu'environ 18 à 20 pieds d'eau, savoir *Hilsboroo* dans la baie de *Spiritu Santo.* En explorant les terres, je m'assurai qu'une tranchée pratiquée à travers un sol meuble, à douces inclinaisons et semé de lacs de distance en distance, pourrait peut-être mettre ce port en communication avec le fleuve San John navigable pendant 150 milles jusqu'au lac George, et qui de là va déboucher au port de Jaksonville. Disons toutefois que ce canal, œuvre gigantesque, ne donnerait en tout cas entrée qu'à de faibles navires et serait de peu d'importance comme voie maritime.

Tel fut le fruit de mon premier voyage; je repartis de France en février 1849. La haute Californie venait d'être cédée aux États-Unis et ses mines d'or découvertes. D'un autre côté, les chemins de fer de Charlestown et de Baltimore se dirigeaient à l'envi vers l'Ouest, en même temps que les flots de l'émigration s'y portaient. Pourquoi ce mouvement et cette direction? L'or était-il l'unique appât en cette circonstance? — Non, puisque la conquête du nouvel Eldorado avait précédé la découverte de ses trésors. J'arrivai à Washington dans l'intention de suivre la commission chargée de la délimitation des nouvelles frontières concédées par le Mexique. J'employai le crédit de notre ministre [1], celui d'un sénateur des Florides, ce fut en vain. Ainsi rebuté, j'entrepris l'expédition pour mon compte. Je voulais observer de près le mouvement de l'émigration, voir sa route, et m'assurer exactement du mobile qui dirigeait tant d'hommes. Je partis donc avec un de mes amis, M. Rondé, artiste intelligent; pendant que j'étudierais la question économique et politique, il devait, lui, s'occuper du côté descriptif, soit au point de vue des mœurs, soit au point de vue du paysage et de l'industrie. [2]

Je ne dirai rien de notre voyage jusqu'à Brazos, dans le Texas, où nous quittons la mer, et, traversant le Rio Grande ou Bravo nous nous trouvons dans le Mexique à Matamoros. Là nous prenons deux wagons pour le transport des provisions et des chevaux pour nous. Ainsi équipés, nous traversons successivement les provinces de *Tamaulipas*, du *Nouveau-Léon*, de *Cohahuila*, le *désert de Mapimi*, *Durango* et la partie méridionale de *Chihuahua* jusqu'à la ville de ce nom, où nous trouvons des caravanes venant du Texas par le *Presidio del Norte*. De là nous nous dirigeâmes sur Yanos, où de nouvelles caravanes,

[1] M. G. Tell Poussin.

[2] M. Rondé a en effet rapporté du voyage environ mille dessins. Ce sont des sites, des costumes, des vases, des ruines indiennes, des vues de villes ou de monuments, des intérieurs de mines et d'usines servant au travail des métaux précieux. Quelques-uns de ces croquis représentent des scènes de voyage.

arrivées de l'Est par le *Paso del Norte*, nous joignirent. Nous avions franchi environ *sept cents lieues en cinquante journées.*

Après six autres journées de marche en droite ligne dans le Nord, parvenus à la grande source de *las Vacas,* une troisième fois nous nous croisions avec des caravanes, venant celles-ci, du Nouveau-Mexique, mais se dirigeant vers le même point que les premières arrivées du Texas. Ce point, nous l'avions aperçu dans l'Ouest trois jours auparavant, au moment d'entrer dans le défilé du Carizalio. A notre droite était le grand lac de Guzman, et courait la Sierra Florida du Nord au Sud; à notre gauche la grande Cordillère, brusquement séparée en deux, présentait à nos regards une immense brèche s'ouvrant sur la province de Sonora. C'était la passe *de Guadalupe,* qui a nom chez les Indiens *Pednazelca*, au dire de Perhico, un de leurs vieux chefs.

Nous continuâmes notre route jusqu'aux mines de cuivre et aux sources du Gila, toujours dans la même direction, parcourant en trois journées l'espace de 44 lieues à peu près. A mesure que nous avancions les chemins devenaient mauvais, et nous fûmes obligés d'abandonner nos wagons sur le ruisseau du Nacayé dans le voisinage du Mimbres, à l'Ouest. Là, nous rencontrons les traces des mulets du général Kearny, envoyé à la recherche d'une route praticable par la vallée du Gila. Là aussi, aux environs du ruisseau de los Nogales, nous remarquons les fouilles pratiquées à la surface du sol par les hommes de cette colonne d'exploration, fouilles qui avaient pour but la découverte de l'or[1].

Cependant une pensée constante me poursuivait, et, laissée

[1] Au même endroit se trouvent de grands vestiges de travaux opérés par les Espagnols et continués depuis par un Français du nom de E. Cursier.

bien loin derrière nous, je voyais toujours en esprit la grande brèche des Cordillères, ce rendez-vous général des caravanes du Texas et du Nouveau-Mexique. Un de mes guides mexicains avait interrogé au passage les Américains qui nous croisaient; il leur avait demandé pourquoi ces promenades à travers nos terres? Parce qu'ici est *le chemin de la bourse,* lui avait-il été répondu. N'était-ce pas aussi celui de la grandeur? J'en fus convaincu à la lecture d'ouvrages américains. La guerre faite par les États-Unis pour l'acquisition du Nouveau-Mexique et de la haute Californie, avait été précédée par les expéditions du colonel Fremont, chargé par son gouvernement de la recherche d'une route dans l'Ouest; la préoccupation première de l'armée d'invasion avait eu pour but la même recherche, et, comme je l'ai remarqué, il ne s'agissait point alors des mines de la Californie encore inexploitées. Si donc le Chihuahua était le chemin de la bourse pour l'émigrant californien, il était le chemin de mieux pour le cabinet de Washington et pour l'armée du général Taylor.

Une fois mes réflexions dirigées de ce côté, je découvris peu à peu, en soulevant un à un les voiles qui les cachent, les desseins de l'Union; j'appris le vrai mot de la guerre mexicaine qui ne signifie point *extension de territoire;* les Américains du Nord ont, pour le moment, de la terre plus qu'ils n'en peuvent peupler. Le vrai mot est celui-ci : *A nous tout le continent du Nord, à nous les deux mers qui baignent.* Ce qui veut dire en d'autres termes, *le nouveau monde fermé au vieil univers, le nouveau monde maître absolu chez lui et héritant de l'Europe son industrie, son commerce et sa civilisation.* Si de telles découvertes m'attristèrent, moi Européen, tout cœur patriote peut le sentir. Heureusement, me dis-je, il est temps encore de parer le coup, et, quoiqu'ils le connaissent, tant que le Mexique vivra, les États-Unis ne seront point possesseurs du *chemin de la bourse*. Or, il est du droit et du devoir de l'Europe, il est de son intérêt et de son pouvoir de maintenir l'indépendance de cet État. Qui l'empêche du consentement du Mexique qui le désire pour sa sécurité, de garder elle-même ce chemin en prenant position dans le Chihuahua au moyen d'une colonie tirée de son sein, partageant les intérêts et les idées de la nouvelle patrie, et, s'il se peut, de la même race que sa population pour les mieux soutenir?

Mais avant de songer à appeler une population européenne dans la province de Chihuahua, il fallait s'informer des ressources de ce pays. Deux conditions sont en effet nécessaires à l'établissement d'une colonie durable : qu'il y ait place pour les colons, qu'il y ait promesse et garantie de sécurité pour eux. L'État de Chihuahua contient plus de 17 000 lieues carrées pour une population actuelle de 147 600 habitants [1]; par suite des dévastations indiennes, tout le nord de son territoire se trouve inoccupé et à la disposition absolue du gouvernement qui demain peut le concéder à qui bon lui semblera. La première condition est donc remplie au delà du nécessaire. Mais y a-t-il gage pour les colons émigrants d'Europe d'y trouver large facilité de vie en même temps que large place? J'ai visité le pays

[1] *Ensayo estadistico sobre el Estado de Chihuahua,* por el gobernador y comandante general del departemento, don Pedro Garcia Conde; *Chihuahua*, 1842. *Imprenta del gobierno. Cuadro sinóptico de la república mexicana*, por Miguel Lerdo de Tejada.—Aux termes du dernier traité qui assigne au Mexique le Gila pour frontière nord, les possessions de l'État de Chihuahua se sont étendues, ce qui rend difficile à comprendre comment le *Cuadro*, qui date de 1850, ne lui donne que 13 000 lieues carrées alors que l'*Ensayo* de 1842 lui en reconnaît plus de 17 000.

en divers sens pour m'en assurer, et voici ce que j'ai vu, observé, découvert. Sans compter l'avantage naturel de sa situation qui en fait le chemin de jonction des deux Océans, et qui par là lui assure la domination du continent du nord politiquement et commercialement, sans compter cet avantage inappréciable, la province de Chihuahua offre tout ce que peut désirer l'émigrant européen au point de vue de la conformation géologique et de l'état atmosphérique, au point de vue de la salubrité du climat, de la richesse du sol, et de la distribution des terrains et des eaux.

Un vaste plateau encaissé au Nord par les hautes montagnes du *Mogollon* et du *Mimbres* sous lesquelles court le *Gila*, à l'Est par la chaîne pierreuse du *Fierro* et de *la Cadena*, à l'Ouest par la *Sierra Madre*, borné au Sud enfin par le *Serro Gordo*, tel se présente au premier coup d'œil l'État de Chihuahua. Le plateau qui le compose est coupé de loin en loin par des montagnes et des monticules isolés, dont les unes se dirigeant du Sud au Nord forment une série de contre-forts qui se développent en éventail à partir de la chaîne mère, Sierra Madre, tandis que les seconds se projetant de l'Est à l'Ouest appartiennent évidemment à la chaîne de montagnes qui s'élève au Nord. Un système d'eaux particulier détermine mieux encore la configuration d'un pays dont le nom *Chihuahua* signifie en langue tarahumara *passage de l'eau*. A part le Rio Gila et le Rio Bravo, qui courent le premier de l'Est à l'Ouest et le second du Nord au Sud, le cours général des rivières (dont les lacs du plateau de Castillo paraissent la source commune) est déterminé ici par des inclinaisons de terrain qui les poussent du Sud-Ouest dans le Nord-Est. Les unes, celles du Sud-Ouest, marchent ainsi au nombre de 14 vers le *Presidio del Norte*, où, toutes réunies, elles se jettent sous le nom de *Conchos* dans le Rio Bravo. Les autres, au nombre de 16, celles du Nord-Ouest, se perdent arrêtées dans leur cours et donnent naissance dans l'Est à une succession de lacs qu'un canal, amené du Rio Bravo au sud de Santa Fé et conduit jusqu'au Conchos pour se rendre de nouveau au Bravo sous le Presidio del Norte, réunira peut-être un jour.

Au seul aspect du pays largement esquissé, on imagine ce qu'il doit être. Les grandes montagnes qui de tout côté l'enceignent, hormis du côté de Durango, montrent ce qu'il peut pour sa défense. De vastes plaines intérieures, semées d'eaux et de monticules de distance en distance, promettent une grande variété de ressources[1]. Ajoutez à cela la situation du plateau de Chihuahua entre le 26° 53′ 36″ et le 33° 30′ de latitude nord, sa hauteur qui varie de 2300 pieds à 7500 au-dessus de la mer, et vous imaginerez mieux encore la diversité des produits en même temps que vous vous ferez une idée assez exacte du climat et de la température. Mais, quand il s'agit d'un pays à coloniser, des aperçus ne sauraient suffire, et il n'est point de trop d'aller au fond des choses.

Le climat de Chihuahua est celui des régions favorisées de l'Europe, celui de la Grèce, de l'Italie et de l'Espagne, avec plus de régularité dans les saisons. Le beau temps y dure huit mois

[1] Les jésuites ont montré le parti qu'on peut tirer des eaux sur deux points. Deux petites rivières, qui se jettent dans celle de Chihuahua à une lieue de la ville de ce nom, forment chute d'eau un peu au-dessus de leur endroit de jonction. Profitant de cette circonstance, les jésuites en ont détourné les eaux au moyen d'un aqueduc de 6533 mètres de long, et elles servent à l'arrosage des terres qui environnent la ville de Chihuahua. Les jésuites ont de même creusé un canal dans la roche vive pour recevoir la rivière de *Nombre de Dios* et l'employer à l'irrigation des vastes terrains de l'*Hacienda de Tabalopa*, appartenant aujourd'hui à M. Revillez de Chihuahua.

de l'année, et pendant quatre mois seulement les pluies. D'ailleurs point d'ouragans comme aux Florides et un air si sain que la chair des animaux sèche au soleil sans se corrompre, que des blessures qui chez nous seraient mortelles, guérissent toutes seules. Avec une caravane de 25 à 30 hommes j'ai parcouru le Chihuahua, passant les jours au soleil et couchant la nuit à la belle étoile, et cela de juin 1849 à janvier 1850, et je puis rendre témoignage que ni ma santé ni celle de mes compagnons n'en a souffert l'altération la plus légère. En juin, juillet, août et septembre, nous avons bien eu quelques chemises de mouillées, en décembre et janvier nous avons bien ressenti les atteintes d'un froid vif et sec, petit mal on l'avouera pour un si long séjour dans le désert, et pourtant voilà tout.

Ce qui frappe au premier abord le voyageur qui traverse l'État de Chihuahua, c'est l'immense étendue de gras pâturages. Toute la plaine est une prairie naturelle. Aussi l'éducation des bestiaux fut-elle depuis la domination espagnole la grande industrie du pays. Je tiens d'un habitant de Yanos qu'Augustin Esparza (un pauvre pionnier espagnol qui vint en 1785 s'établir à l'Espilla, sur les bords de la rivière des Cases Grandes avec quatre vaches et un taureau), possédait en 1829 un troupeau de 40 000 têtes de bétail. Ne dirait-on pas le rêve du pot au lait réalisé? A la même époque 400 propriétaires, qui à eux seuls il est vrai étaient les maîtres de l'État, comptaient dans leurs domaines plus de 25 000 000 têtes de bétail. Du reste le Chihuahua avait alors, avec la Sonora et le Nouveau-Mexique, le privilége de fournir de moutons, de bœufs, de chevaux et de mulets tout le marché mexicain.

Une autre source de richesses pour le Chihuahua, ce sont les bois et des productions naturelles de toute sorte. Le bois de construction abonde particulièrement dans les chaînes de montagnes qui bornent le pays au Nord et à l'Ouest. Toutefois, si les montagnes de l'Est se montrent en général peu boisées, la grande masse des collines intérieures, couverte de pins et de chênes verts, y supplée pour cette portion de contrée. — Un autre avantage pour la partie orientale se trouve dans la direction des eaux qui marchent habituellement, nous l'avons vu, de l'Ouest à l'Est, et peuvent transporter de là ce qui manque ici, surtout à l'époque des grandes pluies. — Les chênes se présentent de plusieurs espèces : il y a le chêne blanc spécialement recherché pour la construction et pour le charronnage à cause de sa solidité; le chêne rouge fournit entre tous un excellent combustible; un autre, qui a nom dans le pays *cusi*, se fait remarquer par sa résistance extraordinaire, et pour ce motif on l'emploie à faire des essieux et des axes de roues. La sabine ici fort grande trouve son usage dans les machines hydrauliques; elle le doit à la nature de son bois qui se pétrifie sous l'eau plutôt que d'y pourrir. Parmi les autres essences, nous citerons l'aune fréquent au point de partage des eaux, le cèdre blanc plus rare, mais que rendent précieux la beauté et le parfum de son bois; le savonnier (ammolé), dont la racine moulue forme un savon naturel; le bignonia, qu'on rencontre à l'état d'arbre, et qui donne le plus beau bois et les plus belles fleurs du monde; l'érable, fréquent dans les districts de Galeana et du Paso; les peupliers du Canada, qui, avec les saules, dessinent et ornent toutes les rivières, et quelquefois forment tout autour de petites forêts. N'oublions point le frêne, le sureau, le gaïac, et les arbres de teinture, tels que le campêche et l'arbre jaune du Brésil. Outre ces arbres que la qualité de leur bois recommande, la province de Chihuahua possède en abondance les arbres fruitiers. Dans les territoires du Paso et de l'Aldama, sont particulièrement cultivés ceux d'Europe, poiriers, pommiers, pêchers, cognassiers, etc. On voyait même au Paso, avant les ravages indiens, plus de 7 lieues carrées de terrains plantés en vignobles. Croissent par forêts les noyers, les figuiers de Barbarie et de France, les orangers, les citronniers ordinaires et nains, les zapotilliers, dont le fruit fondant et délicieux se mange à la cuiller, l'agavier enfin, originaire du pays, et dont on distingue trois espèces remarquables, le maguey, le maguey-aloès et le mescal. Le maguey est aussi estimé pour ses fleurs que pour ses fruits. Si ceux-ci sont savoureux et sucrés, celles-là offrent au voyageur qui les cueille un calice plein d'un miel exquis. Le maguey-aloès donne à la fois une liqueur fermentée du nom de *pulque*, et la gomme appelée *aloès*. On retire l'une en pratiquant le découronnement de l'arbre, l'autre par une incision faite à la naissance de ses feuilles. De plus les feuilles du maguey-aloès, dépouillées de leur pulpe, sont employées pour certains tissus, pour les nattes et les câbles. Quant au mescal, il semble précieux surtout à l'Indien, qui extrait de sa séve l'eau-de-vie de ce nom, et transforme en bois de lance sa hampe florifère. Je terminerai mon incomplète nomenclature des arbres du pays en y ajoutant le mesquite et le tamarin, deux légumineux ayant quelque analogie avec le caroubier, et le copalchil, un vrai quinquina, si l'on en croit le général Garcia Conde en son ouvrage précité.

Les plantes n'abondent pas moins que les arbres et les arbustes dans l'État de Chihuahua. A côté des plantes médicinales telles que la salsepareille, le ratanhia, l'herbe de l'apache et l'herbe de julimës, vous rencontrez les plantes tinctoriales telles que le safran et la cochenille. La culture du coton a été entreprise en plusieurs lieux à Chihuahua; elle y réussit très-bien. Les céréales et les légumes d'Europe n'y trouvent pas un sol moins favorable. Il résulte en effet d'un tableau comparatif de l'état de la production des grains et légumes dans les divers districts de Chihuahua [1], que la moyenne générale de cette production est de 140 pour 1 pour le maïs [2], de 32 pour le froment, de 70 pour l'orge, de 25 pour le haricot, de 18 pour le pois chiche et de 17 pour la fève. Toutefois dans le district de Jimenez, le maïs donne par exception 300 pour 1. La lentille ne vient pas moins bien que les autres légumes, mais, moins recherchée, elle est aussi moins cultivée. Je terminerai le chapitre de la production agricole par une observation qui m'est propre. Je ne sache pas qu'on élève le ver à soie dans l'État de Chihuaha, mais je crois l'avoir trouvé vivant et filant à l'état de nature entre l'Espia et la Boca Grande sur la rivière des Cases Grandes. J'ai vu le papillon; il est petit et blanc, mal assuré sur ses ailes, absolument comme celui de nos magnaneries. J'ai rapporté le cocon d'un tissu fort et serré, blanc de couleur et ovale de forme. Ce qui m'a surpris le plus, il y a dans le même pays (au point du nom de *las Biznagas*), une araignée qui file aussi son cocon, mais extérieurement et pour y déposer ses œufs. Ce cocon, tout rond et d'une blancheur extrême, est placé au centre de la toile fortement ouvrée, où l'araignée se tient à l'affût. J'en possède plusieurs : leur fil très-bien suivi m'a paru admirablement fin et soyeux. Il y a plus, si l'on écrase le cocon, les œufs intérieurs expriment une liqueur jaune orange qui en teint le tissu et le rend très-éclatant. Peut-être se trouve-t-il là une source de richesse placée par la Providence sous la main de l'homme dès qu'il saura l'utiliser!

[1] *Ensayo estadistico sobre el Estado de Chihuahua*, etc.

[2] Le maïs, le plus productif des grains, sert à la nourriture des chevaux, à engraisser les cochons et les volailles, dont il rend la chair plus délicate et plus savoureuse que nul autre grain.

Mais au-dessus de la production agricole, il faut placer la production minérale. Mines de *fer natif*, de plomb, d'étain, de mercure, d'arsenic, de bismuth, de soufre et de sel, s'offrent à l'envi et la plupart fort riches. Le général Garcia Conde signale en outre une mine de charbon de terre située à 7 lieues de Moris, ayant cinquante vares d'épaisseur et courant Est et Ouest avec une inclinaison de 45 degrés. Nous en avons nous-même découvert une, plus au Nord, sur le chemin de l'Atlantique au Pacifique, dont la veine sera de beaucoup supérieure pour le rendement si jamais on l'exploite. En l'état actuel des choses et vu la rareté des bras, les mines d'or et d'argent sont seules exploitées dans le Chihuahua; elles sont loin de l'être toutes. Nous en pourrions au besoin citer de très-précieuses entièrement ignorées et dont nous avons rapporté en France des échantillons ; l'argent s'y montre natif avec une forte loi d'or. Le métal précieux a ses gisements principaux dans la partie occidentale de l'État, sur une ligne qui se prolonge du Nord au Sud, depuis le Gila jusqu'à la frontière de Durango. Cette ligne n'a pas moins de 200 lieues de parcours sur 35 de largeur. C'est sur le versant oriental de la ligne que se trouvent les points les plus riches. Avant les dévastations indiennes plus de 80 mines se trouvaient en pleine exploitation. Aujourd'hui cette exploitation se restreint à peu de chose près à quinze mines importantes : Moris, Batopilas, Carmen, Urique, Guarachic, San José del Pilar, Palmarejo, Rosario, Mulatos, Josehuiriachic, Paralle ou Hidalgo, San Pedro, Batozegachic, Guazaparas, et Santa Eulalia[1]. Cette dernière inépuisable quoique pauvre de loi a

[1] Voy. aux annexes, n° 1, pour la production des mines, le relevé des douanes de l'État de Chihuahua, embrassant cinq années, de 1840 à 1845. Cette pièce, qui m'a été communiquée par M. Zuloaga, directeur général

rendu des sommes immenses. Qu'on en juge par ce fait : le simple prélèvement pour la construction de l'église paroissiale de Chihuahua d'un réal par marc de produit de 1726-89 a donné 4 000 000 de francs. Et ce n'est point l'église seule qui doit sa fondation à la mine de Sainte-Eulalie, mais la ville même de Chihuahua. A l'époque dont je parle, cette ville, en grande partie occupée par des mineurs, comptait, avec une population de 70 000 habitants, 148 fourneaux pour la fonte du minerai, 112 feux d'affinerie et 60 bocards. Maintenant que les fourneaux se sont éteints la population a disparu, et des 70 000 habitants d'autrefois il en reste à peine 14 000.

Il ressort de l'énumération, tout incomplète quelle soit, des ressources de l'État de Chihuahua, voies de communication faciles, eaux nombreuses, produits agricoles des plus variés, troupeaux immenses et grasses prairies, trésors métalliques aussi riches qu'abondants; il ressort de cette énumération que les plus grands moyens d'existence s'y rencontrent pour l'homme. Or, si l'on s'en souvient, j'avais déjà reconnu qu'il y avait là large place pour lui, et que ce pays était aussi important à occuper pour l'Europe que favorable pour l'émigration européenne. — On sent quel devait être le fruit d'un pareil ensemble d'observations. Peupler une belle région rendue déserte par le fléau des ravages indiens, rendre service tout à la fois au Mexique que le défaut de population entraîne sur le penchant de sa ruine, et à l'Europe que le naufrage du Mexique frapperait irrémédiablement dans son industrie, dans son commerce et dans son influence politique, telle fut ma première idée. En

des douanes, ne comprend que le chiffre des métaux précieux présentés à l'essai ; son chiffre est donc inférieur au chiffre réel de tout le chiffre du métal passé en contrebande.

conséquence, je m'adressai au gouvernement de Chihuahua pour lui demander concession des terrains vagues situés entre le 30° de latitude nord et le Rio Gila, y compris les passages *del Norte* et la passe *de Guadalupe,* en d'autres termes, une étendue de territoire équivalant à la moitié environ du sol français. Cette demande eut lieu à la date du 28 *décembre* 1849, et le gouvernement y fit droit par décret du 11 *avril* 1850 [1], sous l'unique réserve du droit de donner place, en dehors du sol mis en culture, à des colons anciens sujets mexicains venant du Texas ou du Nouveau-Mexique.

L'acte de concession comprend deux natures de clauses. Le gouvernement de l'État s'y oblige à garantir à l'émigrant : 1° la propriété incommutable du lot de terre qui lui sera délivré par le concessionnaire général sur le sol accordé à perpétuité; 2° la jouissance libre d'impôts dudit lot l'espace de trente ans à dater du jour de l'entrée en possession. Il fut dit et consacré en outre que l'émigrant serait investi de plein droit et sans frais, après six mois de résidence dans le pays, de tous les priviléges attachés à la qualité de citoyen mexicain, qu'il pourrait recevoir du dehors en franchise toutes *marchandises, outils* et *machines* nécessaires à l'exercice de son travail, enfin qu'il aurait *le droit de s'armer* pour sa protection et celle du territoire, et *de porter ses armes avec lui en paix ou en guerre sur tout le territoire de la république.* En retour de ces avantages, l'émigrant s'obligeait envers l'État à obéir aux lois de sa nouvelle patrie et à la défendre. Voilà pour l'émigrant; quant au concessionnaire général, l'acte de concession lui imposait l'obligation de verser, sous l'intervalle de vingt ans, une population de 140 à 150 000 *colons catholiques* dans la contrée, moyennant quoi il

[1] Voy. aux annexes la pièce n° 2.

y recevrait une certaine étendue de terrains de choix, et le droit d'établir par privilége les chemins de fer nécessaires au commerce.

Mais le décret du gouvernement provincial de Chihuahua subordonnait la concession à la ratification expresse du gouvernement général de Mexico, ratification qui devait être obtenue avant l'expiration de l'année avec *les contrats indispensables pour l'aliénation du sol national.* Sur ces entrefaites, j'appris par le journal de la Sonora, *el Sonorense,* n° du 19 avril 1850, que le gouvernement de cet État était résolu d'appeler aussi l'émigration européenne pour coloniser la partie nord de la contrée complétement déserte. Cette portion du pays étant contiguë aux terres qui m'avaient été concédées en Chihuahua, et me donnant avec elles le chemin complet qui des États-Unis du Nord se dirige par la haute Californie sur le Pacifique, je crus devoir faire des démarches auprès du gouvernement de Sonora pour obtenir de lui ce que j'avais obtenu de celui de Chihuahua. Le gouverneur, don José de Aguilar, me répondit le 23 mai par l'expédition du décret de Sonora, suivi d'une lettre très-aimable et très-décisive à mon adresse [1].

Les termes de ce décret sont les mêmes que celui précédemment accordé par le congrès de Chihuahua, sauf certaines modifications. Il y est dit que chaque famille émigrante recevra une lieue arable et irrigable de superficie, et qu'on lui délivrera de plus le terrain qui lui sera nécessaire pour s'établir dans le village commun; que, dans les dix années qui suivront leur établissement, les émigrants seront exempts de toute contribution intérieure et en sus de tous droits d'introduction pour leurs effets, ustensiles, et généralement pour ce qui sera nécessaire à

[1] Voy. aux annexes les pièces n°s 3 et 4.

leur usage et consommation. Il y est dit aussi que les produits des émigrants seront pendant le même laps de temps libres de tous droits quelconques dans l'État, et que l'or et l'argent qu'ils extrairaient des mines seront affranchis du droit ordinaire de 3 pour 100 à l'essai. Et tout cela est décrété sous cette seule réserve, que les colons respecteront les établissements des Indiens Papagos et les terrains désignés par le gouvernement central pour les colonies militaires. Le congrès de Sonora exprime enfin le désir que l'œuvre de la colonisation soit rapide, dût-elle se borner d'abord à l'établissement dans la contrée d'un village de 100 familles, et la lettre de M. le gouverneur montre l'assurance qu'un premier noyau de 500 à 1000 familles suffira pour déterminer un courant d'émigration capable de former le pays.

Les choses en étaient là lorsque, profitant d'une clause particulière du décret qui veut que dans la concurrence d'un Mexicain et d'un étranger, le Mexicain soit préféré, *il se forma pour l'exploitation des terrains demandés par moi primitivement, une compagnie anglo-mexicaine* qui comptait parmi ses membres le *directeur* et le *secrétaire* de la commission chargée de l'examen des demandes de colonisation [1]. Je ne pouvais lutter, mais une difficulté survint pour cette compagnie. Le décret du congrès de Sonora autorisait le gouverneur à passer les contrats de concession, ce qu'il fit avec cette compagnie. Le sénat de Mexico vit là un acte attentatoire aux droits du haut congrès de la république ; en conséquence, le décret de Sonora et la concession qui avait suivi furent cassés dans les termes suivants :

« 1° Est inconstitutionnel le décret de la législature de l'État

[1] Voy. dans le *Sonorense*, à sa date, le contrat passé le 9 décembre 1850 entre la compagnie et le *gouverneur* de Sonora.

de la Sonora, en date du 6 mai 1850, ce décret étant contraire à l'article 11 de l'acte de réformes, qui dit : « Il est de la faculté « exclusive du congrès général de poser des bases pour la coloni- « sation et de dicter des lois, en exécution desquelles les pouvoirs « de l'Union devront exercer leurs facultés constitutionnelles. »

« 2° Est par conséquent de nulle valeur et de nul effet le contrat célébré par le gouverneur de l'État de Sonora le 9 décembre de la même année, conformément à la faculté que lui a concédée l'article 9 dudit décret [1]. »

Le décret donné par la législature de Chihuahua n'était point susceptible d'être cassé de la sorte, étant en conformité parfaite avec la loi du pays. Mon affaire pouvait donc être conclue, en ce qui regardait cette contrée. Mais les délais s'ajoutaient aux délais, malgré mes sollicitations pressantes auprès du gouvernement de Mexico, malgré un contrat à lui soumis et discuté avec lui. En cet état, je demandai une prolongation de temps au congrès de Chihuahua par missive du 5 février 1851, adressée au gouverneur de la province, don Juan de Urquidi. Ma demande fut accueillie et un décret à la date du 13 mars prorogea ma concession jusqu'en mai 1852. Cela fait, je partis pour la France, dans l'intention de tout préparer pour le cas de réussite, en laissant à Mexico un fondé de pouvoirs pour surveiller mes intérêts.

Le 16 octobre dernier pourtant l'affaire est revenue en délibération dans le congrès réuni en session extraordinaire. Voici ce que je lis dans le *Moniteur mexicain* : « La secrétairerie expose que la commission de colonisation avait présenté un avis sur les propositions de colonisation pour Chihuahua et Sonora, faites par le citoyen français Hippolyte du Pasquier de Dom-

[1] Voy. le *Trait d'Union* du 22 février 1851.

martin, mais que le cabinet avait cru que la discussion sur cette affaire n'appartenait point aux sessions actuelles, par la raison qu'elle devait suivre la voie des sessions ordinaires.—M. Arrangoiz réclame cette voie, et, après une discussion suffisante, il est arrêté, sur la demande de M. Fuente, qu'il sera procédé au vote nominal. 55 voix se déclarent pour et 18 contre. » L'affaire est renvoyée. Que faut-il pour la mener à bonne fin? *L'appui moral de l'Europe, un peu d'aide de mes compatriotes.*

CONCLUSION.

Parvenu à la fin de ce long mémoire sur une question que je crois capitale et sur un projet que j'ai jugé patriotique, il m'a paru bon de rappeler en peu de mots ce que j'ai exposé plus en détail, afin qu'on puisse se rendre un compte plus précis du mérite et de la portée de l'entreprise, sur laquelle j'appelle l'attention de mes concitoyens, pour laquelle je ne crains pas de solliciter la coopération des hommes de France et d'Europe, que les longs desseins n'effrayent point et qui portent en eux la sollicitude des choses de l'avenir.

Les territoires nord des États de Sonora et de Chihuahua que j'ai choisis pour le théâtre d'une colonisation européenne sont capables de la recevoir par l'extrême fertilité et la richesse métallique de leur sol, la douceur de leur climat tempéré et leur situation admirable sur le continent américain, gage pour eux de la prospérité à venir. Ces pays font partie intégrante de la république mexicaine, un État fondé par la race latine, où son esprit reste vivant malgré tout et qui n'attend pour retrouver sa vieille splendeur qu'un élément nouveau de population qui lui permette d'agir et de se défendre. Est-il de l'intérêt de l'Europe de le lui fournir ? Est-il de son intérêt au contraire de laisser étouffer le Mexique sous la pression croissante de sa puissante voisine, l'Union américaine ? Telle est la question.

Or, je pense que tout homme qui de bonne foi aura lu ce mémoire restera pénétré de ces deux vérités : 1° Que les États-Unis ne peuvent rien de sérieux contre nous sans la possession du Mexique, et en particulier sans celle des territoires que j'ai demandés, territoires qui tenant le vrai chemin de réunion des provinces américaines sises sur l'Atlantique et sur le Pacifique, tiennent par là même la clef du continent, la clef des deux Océans et de tout le commerce qui peut s'y faire ; 2° que l'Union une fois maîtresse de ces provinces peut impunément suivre à notre perte tous les projets couvés par sa vaste ambition. J'ai démontré en effet qu'il n'y a de l'Atlantique au Pacifique *qu'un chemin rapide, praticable en toute saison, non disputable par l'étranger, le chemin qui traverse au Nord le Chihuahua et la Sonora.* La South-pass est fermée huit mois de l'année; les isthmes de Panama, de Tehuantépec et de Nicaragua, outre qu'ils nécessitent d'immenses travaux et de plus grands détours, outre qu'ils sont situés dans des parages où l'ouragan et la fièvre jaune déciment hommes et vaisseaux, ces isthmes offrent des voies passant de toute nécessité sous l'œil et le canon de l'Europe, et dès lors périlleux pour l'Amérique. J'ai démontré de plus que les États-Unis poursuivent par tous les moyens un but constant: l'absorption de l'Europe dont ils attirent la population, prennent l'industrie et progressivement envahissent le commerce.

Mes assertions à ce dernier égard auraient pu être prises pour songes de rêve-creux. J'ai prouvé surabondamment qu'il n'en était point ainsi, par le chiffre effrayant des émigrants qui débarquent chaque jour, par la dénationalisation qui s'opère de l'émigrant aussitôt qu'il touche au sol américain, par la marche prodigieuse du mouvement des manufactures et de tout ce qui touche à l'industrie. J'ai cru devoir davantage pour mieux éclairer mon pays. En face des faits d'envahissement, j'ai signalé la pensée systématique qui y préside, pensée en tout semblable à celle qui jadis dépouilla l'Italie de son industrie, de son commerce et de ses arts : *attirer le producteur étranger, fermer le marché national aux marchandises du dehors, changer à son profit les voies du commerce.*

Pour parvenir à ce triple but, les États-Unis usent d'un triple moyen. Ils abordent le terrain du système protecteur par l'élévation projetée de leur tarif, ils se font en Europe les promoteurs des mouvements démocratiques qui agitent nos populations industrielles, ils s'ouvrent enfin les marchés de l'Asie par leurs ports du Pacifique, par celui de San Francisco notamment. Nos troubles, en créant dans nos cités la grève du travail, leur donnent les bras qui chez eux font défaut et souvent le capital et le talent qu'ils nous envient bien davantage; des relations développées avec l'Asie les mettraient à même de fabriquer par l'assurance d'un lieu de débit; le mur continental qu'ils veulent élever contre le vieux continent, s'il était édifié, réduirait enfin à néant le plus grand nombre de nos fabriques qui écoulent aux États-Unis leurs produits. On comprend l'importance de ces faits dans la situation que les idées politiques et le mouvement industriel ont faite aux États de ce côté des mers. La France en particulier a tout à y perdre, et, si les desseins américains s'accomplissaient dans toute leur étendue, sa ruine serait totale et prochaine.

Le sens des derniers événements nous a découvert les deux plaies principales dont souffre le pays; une fièvre d'activité qui ne sait où se prendre, un appétit sans frein de jouissances égoïstes coïncidant avec un encombrement de population industrielle qui ne lui permet point de se satisfaire. Quelle chose importe pour détourner ce double danger? Évidemment il faut ouvrir un champ à cette activité, livrer une proie à cet immense appétit. —Tout le dénonce, le mouvement des choses, des hommes et des idées, l'avenir du monde est en Amérique et dans l'Amérique du Nord. C'est donc là qu'il faut se porter, si l'on veut retarder l'heure de la fin, ou lorsqu'elle aura sonné pour l'Europe, ne pas être dépossédé de toute place dans le monde. Un pays nous appelle, pays dont le peuple est de notre race et dont les intérêts sont les nôtres, pays qui demain ne sera plus à moins d'un prompt secours, pays qui tient à notre disposition la richesse et l'influence : allons à lui. Et qui sait! en lui tendant une main de salut, peut-être que nous nous sauverons nous-mêmes. Les grands actes de générosité furent bien des fois les grands actes politiques!

FIN.

ANNEXES ET CARTE DES LIEUX

Nº 1.

NOTICIA *que manifiesta los marcos de oro y plata pasta presentados en las Casas de Ensaye que se espresarán, en el quinquenio contado de* 1841 *á* 1845.

ENSAYES.	ORO PURO.	PLATA CON ORO.	PLATA DE AZOGUE.	PLATA DE FUEGO.	PLATA BASILLA.	TOTAL.
	marcos. onz. och.	marcos. onz. och.	marcos. onz. och.	marcos. onz. och.	marcos. onz. och.	marcos. onz. och.
Chihuahua.						
Año de 1841.......	168 0 5	5626 6 6	1431 6 4	28988 1 6	» » »	36214 7 5
— 1842.......	287 1 0	4925 7 7	305 3 4	24347 7 0	119 4 7	29986 0 2
— 1843.......	016 1 2	4627 0 4	125 0 0	24080 2 4	031 6 6	28880 3 0
— 1844.......	147 6 6	6388 0 3	» » »	17343 5 0	014 0 7	23893 5 0
— 1845.......	043 1 2	13811 0 1	» » »	15296 4 0	018 6 1	29162 3 4
Guadalupe y Calvo.						
Año de 1841.......	365 5 7	101045 5 1	» » »	1485 0 4	» » »	102896 3 4
— 1842.......	177 6 6	128630 7 2	» » »	» » »	» » »	128308 6 0
— 1843.......	265 0 2	95568 7 3	» » »	1063 0 0	» » »	26896 7 5
— 1844.......	107 2 1	75716 7 7	» » »	2574 5 4	» » »	85398 7 4
— 1845.......	496 2 7	53892 3 6	» » »	34906 5 0	» » »	89295 3 5
Jesus Maria.						
Año de 1841.......	2306 2 1	34320 1 7	275 5 0	818 1 0	» » »	37720 2 0
— 1842.......	» » »	34093 6 3	» » »	» » »	» » »	34093 6 3
— 1843.......	1575 5 5	24020 5 7	451 5 0	» » »	» » »	26048 0 4
— 1844.......	918 2 1	22116 5 1	2192 6 1	» » »	» » »	25227 5 3
— 1845.......	830 4 0	30603 5 0	» » »	1164 0 0	» » »	32598 1 0
Hidalgo.						
Año de 1841.......	012 3 3	1892 1 3	4956 0 0	10950 2 0	004 5 0	17815 3 6
— 1842.......	006 0 3	0689 0 4	3353 0 0	9886 5 0	006 4 0	13941 1 7
— 1843.......	010 5 2	0914 2 1	5529 7 1	11214 1 7	» » »	17669 0 3
— 1844.......	012 0 6	2118 6 0	6319 1 7	14666 6 6	» » »	23116 7 3
— 1845.......	009 1 2	1756 0 0	5420 0 0	13112 2 3	» » »	20297 3 5
	7755 5 5	642752 1 2	30360 3 1	218898 2 2	195 3 5	899968 7 7

Al Señor de Dommartin,

Luis ZULOAGA.

N° 2.

GOBIERNO DEL ESTADO DE CHIHUAHUA.

El ciudadano Angel Trias, gobernador constitucional del Estado de Chihuahua á todos sus habitantes, Sabed : que el congreso del mismo Estado ha decretado lo que sigue.

El congreso constitucional del Estado de Chihuahua ha tenido á bien decretar lo siguiente :

Artículo 1°. Para las empresas de colonizacion y caminos de fierro que Mr. Hipolito du Pasquier de Dommartin propone en la solicitud que dirije al congreso del Estado *en* 28 *de diciembre último*, el Estado de Chihuahua por la presente ley le otorga :

1° Todos los terrenos que al Norte del paralelo 30 de latitud fueren necesarios para las referidas empresas, y de que el Estado pueda disponer sin perjuicio de las actuales propiedades particulares y de las seciones y ofrecimientos que hasta la fha tiene hechos para las colonias militares y para las civiles que se formen con Chihuahuenses del canton Brabas, ó con otros mexicanos que vengan del territorio cedido á los Estados Unidos;

2° Todos los terrenos que fueren necesarios para los caminos de fierro aunque sean de propiedad particular y cualquiera que sea su ubicacion;

3° Todos los privilegios y escenciones que pide y que dependan del poder legislativo del Estado.

Artículo 2°. Esta ley quedará sin efecto alguno si al año contado desde el dia de su publicacion en esta capital, no hubiere celebrado formalmente el empresario con el supremo gobierno de la república los contratos necesarios para realizar sus empresas.

Artículo 3°. El gobierno del Estado hará publicar la presente ley precedida de la mencionada solicitud de Mr. Hipolito du Pasquier de Dommartin. — Lo tendrá entendido el gobernador del Estado y dispondrá lo necesario para su cumplimiento.

Chihuahua, abril 11 de 1850.

JUAN N. DE URQUIDI, presidente. — JOSÉ ELICEO MUÑOZ, secretario.
LUIS RUBIS, secretario.

Por tanto, mando se imprima, publique, circule y se cumple en todas sus partes.

Palacio del gobierno del Estado, Chihuahua, abril 12 de 1850.

ANGEL TRIAS. — JOAQUIN IGNACIO DE ARELLANO.

A pedimento del interesado y para los usos que le convengan, doy el presente testimonio; certificando que las firmas que aparecen copiadas en los documentos que el contiene, son las mismas con que se autorizarán los originales.

Palacio de gobierno en Chihuahua, mayo 16 de 1850.

ANGEL TRIAS. — JOAQUIN IGNACIO DE ARELLANO.

El ciudadano Lic. Juan N. de Urquidi, gobernador constitucional interino del Estado de Chihuahua, á todos sus habitantes Sabed : que el congreso del mismo Estado ha decretado lo que sigue.

El congreso constitucional del Estado de Chihuahua ha tenido á bien decretar lo siguiente :

Artículo único. Se prorrogan las concesiones hechas á Mr. Hipolito du Pasquier de Dommartin en decreto de 11 abril de 1850, hasta fin de mayo de 1852.

Lo tendrá entendido el gobernador del Estado y dispondrá lo necesario para su cumplimiento.

Chihuahua, marzo 13 de 1851.

LUIS ZULOAGA, presidente. — ROQUE J. MORAN, diputado secretario.
JUAN B. ESCUDERO, diputado secretario.

Por tanto, mando se imprima, publique, circule y se cumpla en todas sus partes.

Palacio del gobierno del Estado, Chihuahua, marzo 13 de 1851.

JUAN N. DE URQUIDI. — AMADO DE LA VAGA, oficial primero.

Nº 3.

GOBIERNO DE SONORA.

Con satisfaccion me he impuesto de la muy apreciable nota oficial de V., fecha 6 del corriente, inscrita en Chihuahua, en que se sirve manifestarme que habiendo llegado á su noticia el periódico oficial de este gobierno en el que ha leido la iniciativa dirigida al honorable congreso del Estado en favor de la emigracion európea y colonizacion de estos desiertos, cree V. hacer á estos terrenos extensivos de Chihuahua acordados por decreto de aquel Estado en 4 de abril de 1850 solicitando á este efecto una preferencia en caso de concesion semejante, á la que se unirá tambien la empresa de los caminos de fierro, segun sea conveniente su establecimiento al progreso de la colonizacion y bien general del Estado.

Como encargado de este gobierno depositario de la confianza de estos pueblos para procurarles su bien y felicidad, debo manifestar á V. que he leido con aprecio y con las esperanzas procimas de una probabilidad positiva los deseos que se manifiestan en su citada *nota*, y los acogo con gusto porqué ellos son conformes y dirijidos al objeto que el gobierno de mi cargo se propuso al formar su iniciativa de colonizacion, la cual fué adoptada por el honorable congreso del Estado, y sancionada como ley, segun vera por el exemplar que tengo el honor de acompañarle, y bajo cuyas bases debemos arreglar las propuestas de colonizacion, á no ser que á V. convengan otras mas extensivas y explicadas, en cuyo caso puede dirigirme sus proposiciones ó comisionar persona instruida para su arreglo y conformidad, pues aun para este caso me deja facultad el expresado decreto aunque con sujecion solo á la aprobacion del congreso.

Me es satisfactorio ler el contrato que V. ha concluido con el gobierno del Estado de Chihuahua, y aunque el mismo puede servir de base para las proposiciones que podrian fijarse en este de Sonora, hay puntos en que seria preciso discrepar y no pueden fijarse sin conocer las proposiciones de V. ó de un apoderado de su parte : tales son lá demarcacion de los terrenos colonizables y que á juicio de este gobierno podrian extenderse dentro de las límites de la línea de Chihuahua, la línea de presidios antiguos que corre de la colonia militar de Bavispe sin tocar á su juridiccion, se forma la línea al sur hasta el rio grande conocido por el *del Yaqui*, y para el Norte sigue la línea para los puntos del Jasaviri, Horcones, Azogues, Sallipuedes, Batepito, Tinaja del Maromero, Muracatachi, Fremitos, y colonia de Fronteras, sigue la misma línea al Norte por los puntos del rincon del Burro, Cîenega de Heredia, Nutrias, Jerrenate, y Santa-cruz donde siguen al mismo rumbo los puntos del puerto de San Antonio, Huevabi, Santa Barbara, San Luis, Bado del Apache, Calabasas, Jumacacori y Tubac : la misma línea sigue por el punto de la Cueva, Saguarito, San Javier, y San Agustin del Tueson, colonia militar del Tueson chará de las Yumas, picacho de los pueblos del rio Gila, y de aquí una línea recta al antiguo pueblo del Saric punto mas fronteriso del Altar, y finalmente la línea del Gila y rio Colorado. En esta extension de terreno se halla la nacion Papago cuyas poblaciones deberian respetarse así como las demas propiedades en ellos y los terrenos que para las colonias militares necesita el gobierno general; respecto á los caminos de fierro V. tambien podrá dirigir sus proposiciones sobre los que pueda establecer : en cuanto á franquicias creo hay las suficientes y cuantas el Estado puede conceder segun el citado decreto. Si algunas otras son de los deseos de V. para mejor ejecucion de la empresa, puede tambien manifestar seguro de que el gobierno las recibirá con aprecio : las franquicias que correspondan conceder al gobierno general, no duda se consigan igualmente, y V. en esa y en su solicitud para perfeccionar el contrato de Chihuahua puede hacerlas extensivas en su pretencion á este Estado.

El término de la colonizacion, desearia fuese el mas corto posible. No eccijo un considerable pueblo, si un pié de poblacion que haga fomentar aquellos terrenos, creo que el número de 500 ó 1000 familias que no serian difíciles de transportarse daria este resultado, y este pueblo daria un pábulo para propagar la colonizacion, pues la riqueza de los terrenos y sus minerales tienen un atractivo para todo hombre industrioso, de suerte que un apoyo de cualesquiera pueblo en esa línea seria bastante á fomentar el progreso y adelantos que favoreciese aun las mismas compromisas de V.

Me ha parecido hacer estas explicaciones porqué no las juzgo agenas del objeto, sino de interés y conocimiento para los mismos cálculos de V. y espero por lo mismo que nuestras relaciones principiadas por esta nota, se continuarán hasta el arreglo y ejecucion positiva de una empresa por que el Estado y este gobierno se interesan.

Es adjunta la carta de introducion que V. me recomienda para el señor ministro de negocios estrangeros, en los términos que V. se impondrá á la lectura de su contenido : doy tambien la direcion de este pliego á la recomendacion de Mr. Levasseur, ministro plenipotenciario de Francia en México y á quien me tomo la libertad de dirijir otra comunicacion relativa al mismo objeto, y fin de procurar por todos medios la emigracion européa en beneficio de este pais.

Aprecio mucho esta ocasion para ofrecer á V. los sinceros sentimientos de mi respecto y consideracion.

Dios y libertad.

Ures, mayo, 23 de 1850.

JOSÉ DE AQUILAR.

JOAQ. V. ELIAS, secr.

M. DU PASQUIER DE DOMMARTIN, México.

Nº 4.

GOBIERNO DE SONORA.

El gobernador del Estado de Sonora á todos sus habitantes, Sabed : que el congreso del mismo Estado ha decretado lo que sigue.

Número 134. — El congreso constitucional del Estado de Sonora decreta lo siguiente :

Artículo 1°. Son colonizables en el Estado todos los terrenos desiertos y valdíos de sus fronteras que le pertenezcan y no correspondan á propiedad particular, corporacion ó pueblo.

2° A todos los estrangeros que pretendan establecerse en estos terrenos, y no tengan embarazo para verificarlo conforme á las leyes generales, se ofren siguridad y proteccion en sus personas é intereses.

3° El Estado concede á cada familia pobladora en dichos terrenos una caballeria de superficie de siembra de riego que es una extension de 1404 varas de largo, y de ancho 552 ; ó un sitio de 5000 varas cuadradas en superficie de abrevadero ; y ademas el terreno necesario para establecer casas para vivir en pueblo.

4° Los pobladores de los terrenos, objeto de esta ley, deberán establecer en ellos y cultivarlos para aprovecharseles sus frutos, y no podrán enagenarlos hasta pasados sus años, bajo la pena de perderlos y pasar á otro poblador que los solicite.

5° Por el término de diez años, desde el establecimiento de una colonia, son libres sus pobladores de toda contribucion directa ó indirecta de las impuestas, ó que pueda imponer el Estado.

6° Son así mismo libres por dicho término de todo derecho los efectos, ustencilios, maderas, y cuanto se introdusca para el uso y consumo de dicha colonia.

7° Son igualmente libres de todo derecho los productos de la colonia en el Estado.

8° El oro y plata que de ella se estraiga desde su establecimiento está libre de derecho de tres por ciento de ensayo.

9° Se faculta al gobierno para que arregle á su vez el régimen y administracion interior en la fundacion de colonias que reformen en los espresados terrenos para contratar empresas que se dirijan á este objeto, y determinar los terrenos mas convenientes bajo las bases y franquicias de esta ley : si para estos objetos se solicitasen otras gracias mas, se podrán conceder á calificacion del gobierno sujetas á la aprobacion del congreso.

10° Los estrangeros establicidos en colonia gozarán de todos los derechos civiles y políticos que la ley les concede, así como de la facultad que por estos tienen para la adquisicion de todas clases de bienes raises.

11° Los mismos privilegios gozarán en una colonia de Sonora, los Mexicanos y estrangeros, pero en igualdad de circunstancias, solo será perferido el empresario mexicano de una colonia al estrangero.

12° La colonia se entenderá establicida, luego que en ella se reuna almenos el número de cien familias en pueblo.

13° Al empresario que contrate el establecimiento de una colonia bajo los artículos de esta ley, podrán concederle en propiedad diez citios de superficia de abrevadero, y seis caballerias de superficia de riego ó diez de temporal.

14° Los colonos, en caso necesario están obligados á contribuir con sus personas é intereses en defensa del Estado, y su nueva patria.

El gobernador del Estado dispondrá se imprima, publique, circule, y se le dé su debido cumplimiento.

Ures, mayo 6 de 1850.

Luis Redondo, diputado, presid. — Jesus Maria Encinas, diputado secretario. — Fernando Maria Astiasaran, diputado secretario.

Por tanto, mando se imprima, publique, circule y se le dé su debido cumplimiento.

Palacio del gobierno del Estado en Ures á 6 de mayo de 1850.

José de Aquilar.

Es copia.

Joaq. V. Elias, secr.

FIN.

DE L'IMPRIMERIE DE CRAPELET, RUE DE VAUGIRARD, 9.

CARTE DE LA CONCESSION

DES TERRES OBTENUES A CHIHUAHUA

PAR DÉCRET DU 11 AVRIL 1850

PARIS 1852

On s'est servi pour la construction de cette carte: 1° des Observations faites pendant l'Expédition commandée par le Général Kerney & par le Lieut.t Colonel Cooke, 2° des reconnaissances faites sur les lieux par M. R. du Pasquier de Dommartin.

114
113
112
111
110
109
108
Longitude de la concession

ÉTATS

Apaches
Gilenos

Rio Gila
Rio S.t Francisco
Rio Salinas
Casa Marikopas
Indiens Pymas
Caza de Moncteuma
Sierra de S.ta Catarina
Presidio Tucson
Mision de S.n Xavier del Bac
Presidio de S.ta Cruz
Presidio de Tubac
S.n Lazaro
Rio S.n Pedro
Presidio de S.n Bernardino
Sierra de Mongollon
Apaches

GRANDES PRAIRIES
DÉSERTES

GRAND PLATEAU DE S.TA CRUZ

ÉTAT DE S

Cañada de Guadalupe
Las Playas

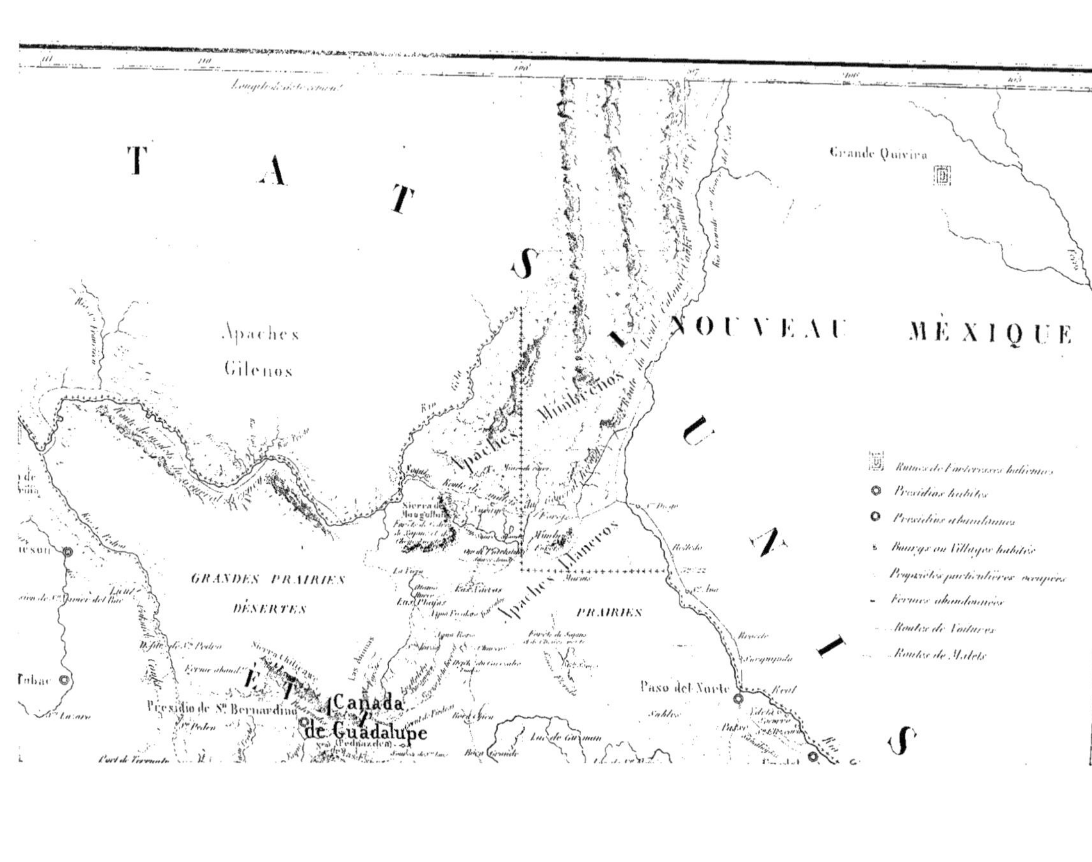

T A T S
U N I S
ÉT
Apaches
Gilenos
Apaches Mimbreños
Apaches Llaneros
NOUVEAU MÉXIQUE
Grande Quivira
GRANDES PRAIRIES
DÉSERTES
PRAIRIES
Sierra de Mongollon
Sierra Chiticaui
Presidio de S^t. Bernardino
Canada de Guadalupe
Paso del Norte
Tubac
Las Vacas
Las Playas
Ruines de Forteresses Indiennes
Presidios habités
Presidios abandonnés
Bourgs ou Villages habités
Propriétés particulières occupées
Fermes abandonnées
Routes de Voitures
Routes de Mulets

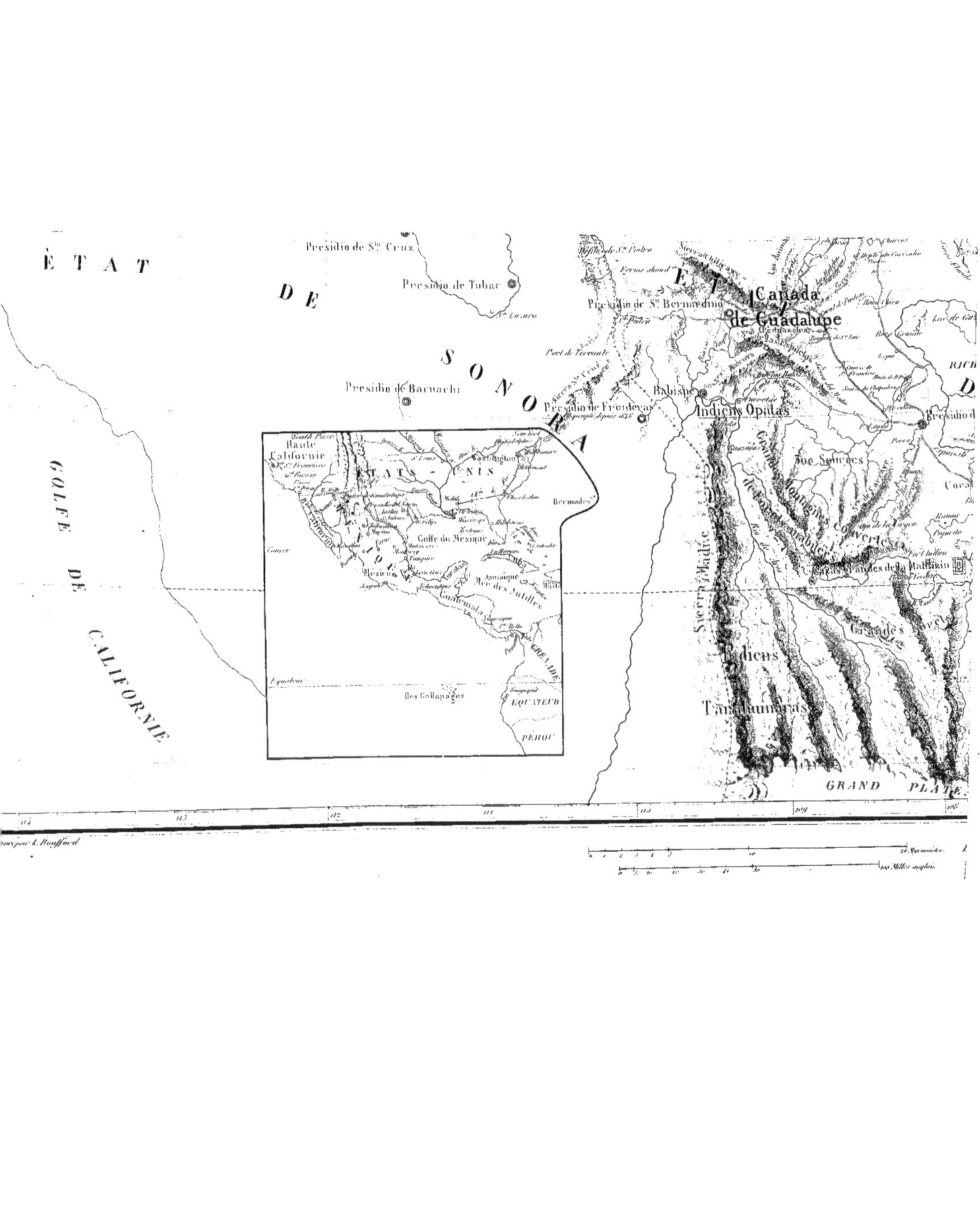

ÉTAT DE SONORA
GOLFE DE CALIFORNIE
Presidio de Sta. Cruz
Presidio de Tubac
Presidio de Bacuachi
Presidio de Sn. Bernardino
Presidio de Fronteras
Babispe
Canada de Guadalupe
Indiens Opilas
300 Sources
Grandes Montagnes Couvertes
Sierra Madre
Indiens Tarahumaras
GRAND PLATE
Haute Californie
ETATS-UNIS
Vasington
Bermudes
Golfe du Mexique
Mexico
Jamaïque
Mer des Antilles
Guatemala
GRENADE
Iles Gallapagos
EQUATEUR
PÉROU

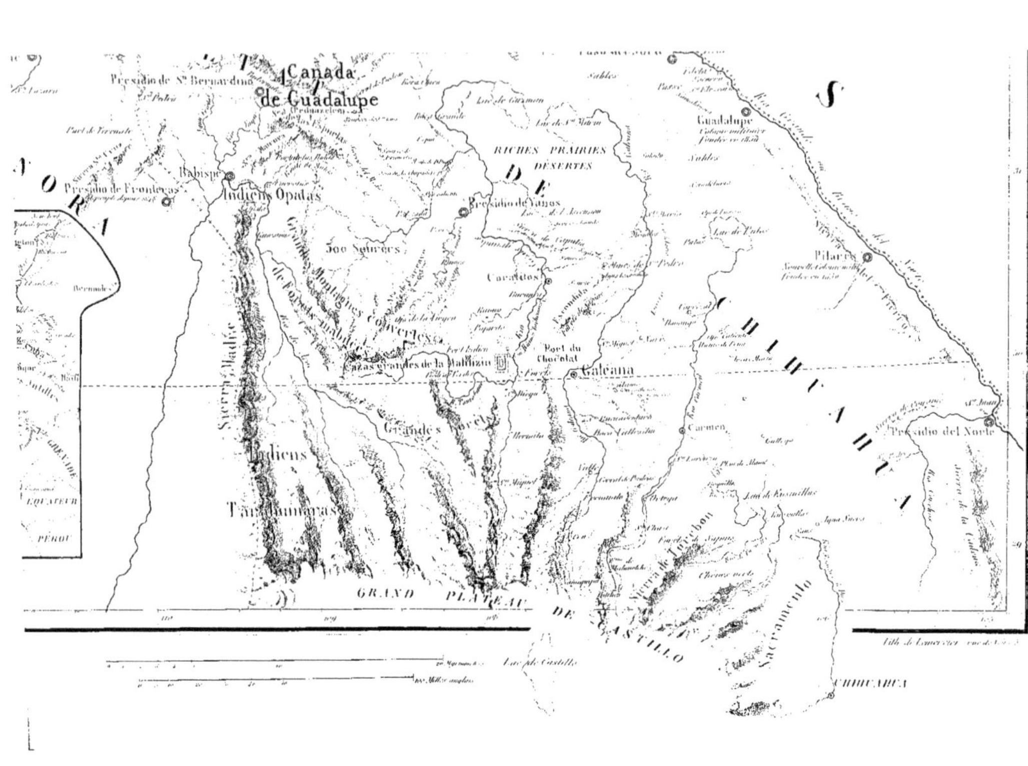

Canada de Guadalupe
Presidio de Sn. Bernardino
Babispe
Presidio de Fronteras
Indiens Opalas
Presidio de Yanos
500 Sources
RICHES PRAIRIES DÉSERTES
Carritos
Fort du Chocolat
Galeana
Casas grandes de la Montezuma
Grandes Forêts
Sierra Madre
Indiens Taraumaras
GRAND PLATEAU DE CASTILLO
Guadalupe
Pilares
Carmen
Presidio del Norte
Sacramento
CHIHUAHUA
Lac de Castillo

www.ingramcontent.com/pod-product-compliance
Ingram Content Group UK Ltd.
Pitfield, Milton Keynes, MK11 3LW, UK
UKHW012242240726
13966UKWH00003B/1244